マーケティング

井上淳子・石田大典

（新訂）マーケティング（'21）

©2021　井上淳子・石田大典

装丁・ブックデザイン：畑中　猛

s-7

まえがき

　マーケティングという言葉はすでに市民権を得ており，その企業活動に興味を抱く人は多い。商品のヒットやロングセラー化の要因として，企業の優れたマーケティング戦略があるとなれば当然だろう。大学でも，マーケティングを学ぶために入学した，とか卒業後は企業でマーケティングの職に就きたい，という情熱を持った学生に出会うことが珍しくない。

　本書はマーケティングに関心を持ち，学問として初めて学ぶ人に向けて書かれている。初学者が理解しやすいよう，マーケティングを鳥瞰的に捉えてから個々の具体的活動にフォーカスする形をとった。各章で取り上げているトピックの意味，位置づけがわかるように，できれば第1章から目を通していただきたい。第1章ではマーケティングとは何か，その本質を記している。これから学んでいくマーケティングについてのイメージを膨らませたり，読者自身が持っている狭いマーケティングの見方を修正したりしてもらいたい。

　第2章，第3章はそれぞれ「環境分析」と「消費者行動」を取り上げた。企業を取り巻くマクロ環境やマーケティングの対象となる消費者は，企業にとって統制可能な要素ではないものの，それらの分析と理解なくしてマーケティングの成功は望めない。

　第4章では，環境および消費者の調査と分析に用いられるマーケティング・リサーチの手法を学ぶ。そして，第5章からは徐々に焦点をしぼり，個別製品やブランドレベルでのマーケティング戦略を捉えていく。まず，戦略の土台作りであるSTP，つまり市場を見定め，ターゲットを決定し，自社製品のポジションを明確にするプロセスを学ぶ。第6章から第8章はマーケティングの具体的活動である4Pのうちの Product に関わる部分にフォーカスする。第9章は Price，第10章は Place，第11章と第12章は Promotion に関する内容を扱う。この章まで読み進んだら，マーケティング戦略の策定に関わる一連の内容が理解できているはずである。終盤の第13章から第15章は，目線を企業や事業といった高いレベルに置いて，全体的な意思決定や戦略を取り扱う。第13章の「戦略的マーケティング」では，企業の事業展開や競争に関わる意思決定に不可欠なフレームワークを学ぶことができる。第14章

4

「リレーションシップ・マーケティング」と第15章「マーケティングと社会的責任」ではマーケティングの志向，市場へのアプローチの仕方として特に大きな変化をもたらしたテーマを取り上げている。マーケティングが社会とのインタラクションであることを改めて認識することができるだろう。

本書は全体を通じて，エッセンスを完結に記すように心がけた。限られた紙幅ゆえ，踏み込んだ説明や具体的事例は多く含まれていない。その点を克服する意味でも，ぜひ映像教材とともに学びを深めてもらいたい。また，各章の最後には学習課題を設定した。読者自身が実際のマーケティング事例を，学んだ内容とリンクさせて考察することで「使える知識」になることを期待している。

本書の執筆ならびに放送大学映像教材の作成は，全世界で新コロナウィルスが猛威を振るう中，進行した。2020年の終わりが視野に入り始めても未だ収束には至らず，ウィルスという目に見えない脅威と人間との戦いが続いている。未曾有の事態は，広い意味で人々の生活をドラスティックに変えた。企業も同様である。今何が起こっているのか，これからどんな変化が起こりマーケティングはどうなっていくのか，その渦中にある私たちが見逃してはならないだろう。

最後に，本書の出版に当たって多くの方々にお力添えいただいたことに感謝申し上げたい。著者2人の恩師である恩藏直人先生（早稲田大学）には学生時代から今日に至るまで温かくご指導いただいている。私たちがマーケティングを教える者として教壇に立つことができているのは恩藏先生のおかげである。改めて感謝の意を表したい。齋藤正章先生（放送大学）には，放送大学という圧倒的な受講生を誇る大学での貴重な授業機会を与えていただいた。この場を借りて御礼申し上げる。また，丁寧な仕事ぶりで編集の労をお取りくださった小島健司氏（株式会社テンプレート）にも心より御礼申し上げたい。

2020年11月

筆者を代表して
井上 淳子

目次

1 | マーケティングとは何か

井上淳子

《**目標＆ポイント**》 マーケティングという活動がどのようなものであるかを，歴史的な変遷を踏まえながら理解する。またマーケティングの目的である顧客の創造と維持を実現するために不可欠な発想や概念について学ぶ。
《**キーワード**》 マーケティング・コンセプト，ニーズ，マーケティング・ミックス，顧客価値，顧客満足

1. マーケティングの本質

　マーケティングとは何かと問われたとき，どのように答えるのが正解だろう。よく用いられる答えとして，「市場創造活動」「顧客創造」「売れる仕組みづくり」などが挙げられる。マーケティングという言葉自体は，日常生活でも耳にするほど一般的になっているが，その捉え方はまちまちで，企業のマーケティング活動の中の目立つ一部分をマーケティングだと勘違いしている人も多くいる。マーケティングは広告とイコールだと思っていたり，市場調査と捉えている人もいる。また買う気のない人にまで製品・サービスを売り込もうとする高圧的な活動だと思っている人もいる。先に挙げた3つの表現を見れば，それが誤解であることがわかるだろう。市場創造と顧客創造はどちらも同じことを指している。つまりマーケティングはすでにある製品・サービスを売るという行為ではなく，根本的に市場需要を生み出すこと，買う人（顧客）を作り出すことである。人々が買いたいと思う価値を具現化し，プッシュしなくて

も自ずとそれらが売れていく仕組みを整えることがマーケティングの神髄である。

2. 市場を捉える中心コンセプト

　消費財メーカー（消費者向けの製品を製造しているメーカー）にとって，働きかける対象は消費者である。消費者は時代や置かれている環境などによって考え方や価値観が変化し，購入したいと思う製品や企業に対する評価，態度なども変わる。それは同時に企業による市場の捉え方，中心的なコンセプトにも反映される。今日，多くの企業は，顧客のニーズを満たして利益を上げながら，人々が生きる社会をより良く，持続可能なものにしようとし始めている。このような姿勢や考え方は「マーケティング・コンセプト」と「社会的マーケティング・コンセプト」の重なり合ったところにあると言える。以下では，企業の市場を捉えるコンセプトがどのような変遷を遂げてきたのか見ていこう。

（1）　製品コンセプト

　「製品コンセプト」はモノづくり偏重，製品中心主義の考え方を指す。良いもの，目新しいものを作れば，消費者は買うだろうという発想である。マーケティングという概念がアメリカで萌芽した19世紀～20世紀初頭は，ちょうど経済の中心が農業から工業製品へと変化していく時代であった。技術者たちはそれまで存在しなかったような新しいモノの開発に邁進したことから，マーケティングの出発点は常にモノにあり，製品ありきの考え方が中心であった。

　当時の技術者を開発に駆り立てたのは，市場のニーズではなく彼ら自身の夢であり，極端に言えば自己の満足だった。トーマス・エジソンが電球や蓄音機を開発したのは，まさにそれが彼の夢だったからであり，

発明のプロセスにおいて本人は存分に喜びや楽しみを味わったと想像される。一方で，当時の一般の人々には彼の夢見ていることが現実離れした単なる独りよがりに映ったかもしれない。そういう意味で，この時代はニーズではなくシーズ中心のパラダイムにあった。

　「製品コンセプト」が技術や技術者中心だからと言って必ずしも否定的に捉える必要はない。近代文明社会を支える発明の多くは，最初は技術者の夢の実現であり，後に商品として社会や経済の発展に大きく貢献していくのが常である。時代は移っても，画期的な製品の開発には技術者の夢が重要であることに変わりはない。

（2）　販売コンセプト

　「販売コンセプト」は時代を超えて最も一般的な考え方と言える。企業が売れるための働きかけをしなければ，消費者や取引業者は製品・サービスを買ってくれないという発想である。このコンセプトは，組織が製品を開発する部隊とは別に，専任の販売部隊（セールスフォース）を設置するようになったことと関連が深い。つまり営業部門の誕生である。

　営業担当者の主な業務は，取引企業と対面で価格や取引量を決めたり，取引条件を交渉したりすることである。いかに良い製品を開発できたとしても，うまく売ることができなければ企業は利益を得られない。そのため企業は精力的な販売とプロモーションによって取引相手を説得し，購買を引き出そうとする。

　販売コンセプトは「押し込み，売り込み」によって売上を稼ごうとする，短期成果主義として否定的に捉えられることが多い。たしかに，販売部隊への圧力が強まると売り込みのような行動が現れる可能性はあるものの，それによって販売や営業自体が全否定されるべきではない。売

り込み攻勢に頼らなくても済むように，営業担当者の権限や販売方法，社内の他部門との連携などを進めれば，その役割は発展していく可能性がある。

（3） マーケティング・コンセプト

　「マーケティング・コンセプト」は，先に見た「製品コンセプト」「販売コンセプト」と対極の位置にある考え方である。企業の製品開発の出発点は企業のシーズではなく，消費者のニーズにあると考える。そして，そのニーズを満たすことができる製品・サービスを作れば売り込まなくても自然と売れていくという発想である。経営学の神様と呼ばれるピーター・ドラッカーは「マーケティングの究極の目的はセリングを不要にすることである」という名言を残した。セリングとは販売（売り込み）のことを意味しており，ドラッカーの言葉はまさにこのマーケティング・コンセプトを的確に表現している。

　現実には販売もマーケティング活動の一環であり，消費者に製品やサービスを周知せずに売上を獲得することは困難である。したがって，すべての販売活動が不要になるというわけではないものの，顧客ニーズとマーケティングとの関係を議論するうえで，ドラッカーの表現は有益な示唆をもつ。

　マーケティング・コンセプトにおけるキーワードは，消費者ニーズ，顧客満足，統合型マーケティングである。消費者ニーズはビジネスの出発点であり，中心である。ニーズを発見し，標的市場を定めたら，製品の開発から供給，消費に至るまでのプロセスすべてでそのニーズの充足が目指される。そして，プロセスに関わるあらゆる企業活動は，ニーズの充足がもたらす「顧客満足」という目標のもとに統合される。

（4）　社会的マーケティング・コンセプト

　顧客を中心に据えた「マーケティング・コンセプト」の先にあるのは，社会全体の幸福を含んだ「社会的マーケティング・コンセプト」である。企業が利益や顧客満足を追求する背後では，地球規模で環境の悪化や資源の枯渇，労働搾取が発生している。また，飢餓や貧困といった問題も社会全体として無視できない。

　社会的マーケティング・コンセプトに従う企業は，自社が利益を上げることだけに注力するのではなく，社会をより良く持続可能なものにするために責任と義務を果たす。自社の利益，消費者ニーズの充足，そして公共の福祉という簡単には両立不可能な要素を調整し，あらゆる意味での幸福を目指すのである。

　近年，「フィランソロピー（ボランティア，寄付などの慈善活動）」や「メセナ（文化芸術の支援活動）」といった社会貢献活動が企業の責任としてますます重要性を増している。たとえば，食品メーカーは「食育」と称して小学校などで食に関する教育を行ったり，エネルギー会社は環境保全のために植林活動を行ったりしている。

　また，多くの企業が国内外で発生した災害からの復興や大きな社会問題に対して，「コーズ・リレーテッド・マーケティング（cause-related marketing）」を展開している。これは自社製品の販売で得た売上の一部を，特定の社会貢献活動に使用すると予め消費者に告知するプロモーション手法である。衣料品，食品，運送など，さまざまな分野でこの活動を見ることができる。たとえば，ヤマト運輸は東日本大震災の直後から，復興支援のために宅急便１つにつき10円を寄付する「宅急便１つに，希望を１つ入れて。」というキャンペーンを１年間実施した。企業がただ一定額を寄付するというのではなく，事業の売上の一部を寄付する，それも宅急便１つにつき10円というわかりやすい訴求をしたことで，多く

の人が利用した。利用者はヤマト運輸で荷物を送ることによって本来の目的を達成しつつ社会貢献活動にも参加できる。人々が活動に賛同して利用すればするだけ支援金は増加し，企業の売上も増加するため多方にメリットがある。

　消費者は企業の社会的な活動にますます敏感になり，良き市民として活動する企業の製品を選択するようになっていくだろう。それに応えられる企業だけが生き残る時代はそれほど遠くないと考えられる。

3.　消費者ニーズとマーケティング

（1）　ニーズ，ウォンツ，需要

　消費者のニーズを把握することとマーケティングは決して切り離せない。「ニーズ」とは，消費者が現状と理想状態を比較して感じる不満や欠乏を指す。たとえば，「家事負担を減らしてもっと子どもと遊ぶ時間を確保したい」とか，「できるだけ費用をかけずに好きなときに車を使いたい」などはニーズである。そしてこれらのニーズを満たしてくれる具体的な手段や対象，つまり家事負担を減らすための家事代行サービスや低コストで車を利用できるカーシェアリングへの欲求は「ウォンツ」と呼ばれる。このウォンツが支払い能力に裏付けされると「需要」になる。家事の負担を減らすために家事代行サービスを週に2回利用したいとの欲求を抱いても，それを現実のものにできるかは支払い能力にかかっている。企業が市場規模を見積もるときにはこの需要を指標にしなければならない。

　マーケティングの原点は，消費者ニーズを把握して，それを充足させるためのソリューションを開発するところにある。企業はニーズを作り出すわけではなく，そのニーズを満たす対象への欲求に影響を与えるのである。消費者のニーズが似通っていたり，消費者がニーズをはっきり

と明言できる時代はニーズを把握することのハードルはそれほど高くない。しかし，今日のように消費者のニーズが多様化し，また消費者自身が顕在的にニーズを知覚していないような状況では，ニーズの把握というビジネスの出発点に立つことが簡単ではなくなっている。さらに多様なニーズの存在を確認できたとしても，企業はすべての人を満足させることはできない。異なったニーズを持った者たちが同じ製品で満足するとは考えられないだろう。そのため，企業は消費者を同質的なニーズを持つ塊に分ける市場細分化（セグメンテーション）を行い，自社のターゲットを定めるのである。

（2）　市場細分化と標的市場

　詳しくは第5章で学ぶが，すべての消費者のニーズを満たすことができない以上，企業は市場を細分化し，特定の市場をターゲット（標的市場）と定め，彼らへの対応にすべてのマーケティング努力を傾ける。まず，市場を同質のニーズを持った塊に細分化するため，消費者の人口動態，社会心理，行動上の特性から分析をする。市場がいくつかに分けられたら，収益性の面で魅力度が高く，自社の能力や資源によって彼らのニーズを確実に充足できるセグメントを標的市場に選ぶ。そして標的市場に合致したマーケティング・ミックス（4P）を策定して，マーケティング戦略を実行に移すのである。

（3）　マーケティングの4Pとターゲットの4Cとの適合

　企業は標的市場に働きかけて望ましい反応を得るために，さまざまなツールを使う。マーケティング・ミックスとは，企業が標的市場で目的を達成するために用いるマーケティング・ツールの組み合わせのことを指す。このツールは大きく，Product（製品），Price（価格），Place

16

（流通），Promotion（プロモーション）の4つに分けられ，すべてPの文字で始まることから4Pと呼ばれている。Productの具体的な活動には，製品コンセプトを考えて製品を開発したり，ブランドネームを決定したりすることが含まれる。またPriceには製品の販売価格を決定したり，割引の方法を検討したりすることが，Placeには製品の販売ルートを開拓したり管理することが含まれる。そしてPromotionには，製品価値を消費者に伝えるための広告を展開したり，販促を行ったりすることが含まれる。

　企業の視点で見たこの4Pは消費者（標的市場）側の4Cと適合している必要がある（図1-1）。ProductはCustomer solution，つまり消費者のニーズを満たすソリューション（問題解決策）を提供するものでなければならない。Priceは製品と引換えに消費者が支払うコスト（Customer cost）であるため，それに見合っている必要がある。Placeは製品を購買する消費者にConvenience（利便性）を提供できるよう設計しなければならない。Promotionは消費者と企業とのコミュニケーション（Communication）と捉え，適切なメディアやメッセージを用いて行う必要がある。

（4）　マーケティング・マイオピア

　消費者のニーズに対するソリューションは1つではない。しかし，時に企業は，ひとたび消費者のニーズを自社製品で満たすことができると，別のソリューションに顧客を奪われるまでその事実に気がつかないことがある。

　マイオピアという言葉は，視覚の異常で遠くが見えにくい状態，つまり近視眼のことを指す。セオドア・レビット（1960）は，かつてアメリカで鉄道産業や映画産業が衰退した背景について，鉄道会社や映画会社

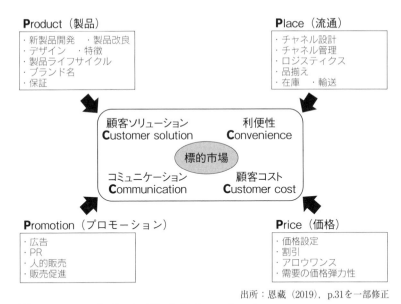

出所：恩藏（2019），p.31を一部修正

図 1-1　マーケティングにおける 4 P と 4 C

が消費者ニーズを適切に捉えぬまま事業ドメインを定義していたことが原因だと指摘した。つまり，鉄道会社は，自分たちのビジネスを「鉄道事業」，映画会社は「映画事業」と定義し，なぜ消費者が鉄道を利用するのか，映画を見るのかという本質的なニーズを捉えていなかった。消費者が鉄道を利用するのはある地点から別の地点に移動したいというニーズからである。鉄道会社がそれを正しく理解して，自分たちのビジネスを「輸送事業」と捉えていたならば，長距離高速バスや航空会社の近距離フライトが登場しても簡単に顧客を奪われなかったはずである。しかし現実には，鉄道よりも安い価格で移動できる長距離バスや，鉄道よりも短い時間で移動できる近距離フライトを消費者が選択するようになったため，鉄道会社は窮地に立たされたのである。映画会社も同様で，

消費者が映画を見る際の根本的なニーズを捉えていなかったために，テーマパークやそのほかの娯楽に顧客を奪われてしまった。彼らが自らのビジネスを映画事業ではなくエンターテイメント事業と定義して，潜在的なライバルの脅威に備えられていたならば状況は違ったであろう。

　このような事例からレビットは，企業が自社の提供している製品やサービスのみに注視している状況をマーケティング・マイオピア（近視眼）として警告し，製品やサービスの先にあるニーズに対応する必要性を強調した。

4. 顧客価値と顧客満足

　マーケティングの成功を考えるうえで，顧客価値と顧客満足はきわめて重要な概念である。あらゆる企業のマーケティングが，高い顧客価値を提供し，顧客満足を向上させることに向けられていると言っても過言ではない。

（1）　顧客価値

　顧客価値とは，企業の製品・サービスに対して顧客が感じる価値を指す。具体的には，製品・サービスから顧客が得るベネフィットと顧客が支払うコストの比率によって決まる。

$$顧客価値 = \frac{製品・サービスから顧客が得るベネフィット}{製品・サービスを獲得するために顧客が支払うコスト}$$

　したがって，品質や機能が高いからと言って必ず顧客価値が高くなるわけではなく，品質が劣ってもそれを入手するコストが十分に低ければ，高い顧客価値を提供することが可能である。

　顧客が製品やサービスから得るベネフィットには，品質や機能に由来

するベネフィット（機能的ベネフィット）以外に，使用のプロセスで得られる快楽や喜び（情緒的ベネフィット）もある。コモディティ化が進行する中でも，特定のブランドが高い顧客価値を実現できるのは，機能ではなく情緒的側面で差別化に成功し，高いベネフィットを顧客に提供できているからだと考えられる。

　一方，製品・サービスを獲得するために顧客が支払うコストには，製品価格（金銭的コスト）に加えて，時間的コスト・肉体的コスト・心理的コストが含まれる。金銭的コストは製品と引き換えに支払う金額だけではなく，店舗を往来するのに要する交通費や駐車代なども指す。顧客が当該製品を獲得するためにウェブで情報探索したり，店舗に足を運んだりするのに費やされる時間は時間的コストとなる。忙しい現代人は限られた時間資源をできるだけ効率的に使用したいと考えるため，同じ所要時間でも以前に比べてコスト意識が大きくなる傾向にある。また，買い物に行けば肉体的コスト，つまり体力も要する。店が遠方だったり，店内動線が複雑であったり，混雑していて長く会計待ちをしなくてはならないなどの環境要因によって，さらに顧客の年齢や体調といった個人的な要因によっても肉体的コストは変わってくる。心理的コストは，製品・サービスの獲得にあたって顧客が感じる精神的な負担を指す。わざわざ店舗に出向くのがひどく面倒に感じられる場合もあれば，むしろそれが楽しみで心理的コストなど一切感じないという場合もあるだろう。

　顧客価値を高めるために，企業はいくつかの方法を取ることができる。先の計算式に基づいて方法を検討してみよう。まず考えられるのは，①分子のベネフィットを増大させ，かつ分母のコストを削減する方法である。これらは同時に実現することがきわめて難しい。そのため現実的には，分子あるいは分母は一定にして他方を変えるという方法が取られやすい。つまり，②コストを一定にしてベネフィットを増大させる，③ベ

ネフィットを一定にしてコストを削減する方法である。②のパターンについては，たとえば，通常価格で増量パックを提供したり，プレミアムを付与したりするようなセールス・プロモーションによっても可能であるし，製品機能の追加・変更によって製品の操作性や快楽性を高めるなどの方法もある。③のコストを削減する方法には，値引きやクーポンの提供によって製品価格を下げたり，オンラインでの情報提供や通販によって時間的，肉体的コストを下げることなどが考えられる。

　そのほかにも，顧客価値は④ベネフィットの低下をコスト削減以下に抑える，⑤コストの増加以上にベネフィットを増大させる方法によって高められる。企業は顧客価値を高めるために，製品に新たな機能を追加することでベネフィットを増大させようとしがちである。しかし，機能を主要なものだけにそぎ落として，価格を下げるという方法も効果がある。とりわけ今日見られる情報機器などの多機能化や高度化は，消費者に機能疲労を生じさせていることも多いため，現実的な選択肢と言える。いかなる方法を採用するにしても，顧客価値は顧客によって規定されるものであることを忘れてはならない。企業の対応に顧客が期待通りの価値を知覚するかどうか，見極めと確認が必要である。

（2）　顧客満足

　顧客満足（CS：Customer Satisfaction）は，しばしば企業活動全体の主要な経営目標にも掲げられる。高い顧客満足は，リピート購買の確率を高め，企業や製品の存続と成長を支える大きな要因となる。満足度の高い顧客は，企業に対してロイヤルティを抱き，他者に良いクチコミをしたり，新たな顧客を連れてきてくれることも期待できるからである。

　顧客満足度を決定づける主な要因は製品やサービスの知覚パフォーマンス（顧客が主観的に感じる製品の品質や価値）である。しかし，これ

だけでは決まらない。顧客満足の期待不一致モデルによれば，顧客が事前に抱いていた期待の水準も考慮することが必要である。たとえば，同じ品質の製品を使用した場合でも，事前に抱いていた期待水準が低ければ，顧客は十分に満足する可能性があるが，期待水準が高いとそれは難しい。このように，顧客満足度は，消費者が事前に抱いていた期待水準と，製品やサービスの知覚パフォーマンスとの差によって決まる。知覚パフォーマンスが事前の期待水準と同じか，それ以上であれば顧客は満足するが，知覚パフォーマンスが事前の期待水準に至らないと顧客は不満を感じ，さらに期待水準を大きく下回った場合には，憤りを感じる。逆に，知覚パフォーマンスが事前期待を大きく上回ると，満足よりも強い感情状態である顧客歓喜（Customer Delight）を覚えるという。

　顧客満足の議論は，いかにして顧客の不満を解消し，満足に結び付けていくか，という視点で始まったものの，近年の成熟した市場では，最低限の満足を提供できないような製品・サービスはすでに淘汰されてなくなっている。つまり満足のレベルが全体的に上がっているということである。そのため，そこそこの満足では競争上の優位性を獲得できない。顧客満足をより高い水準へと引き上げたり，顧客歓喜に結び付けたりすることが求められている。先に述べたように，高い顧客満足度を達成すると，満足した顧客により多くのポジティブなフィードバックが得られる。一方，不満を感じた顧客は，他社の製品・サービスへスイッチしたり，ネガティブなクチコミを発信したりする。既存研究によると，新規顧客の獲得には既存顧客を維持するのに比べて5倍ものコストがかかる。したがって，新規顧客を獲得して顧客数を一定に保とうとするより，既存顧客の維持に努めてそれを達成したほうが，圧倒的に利益効率が高い。既存顧客を満足させて，自社の製品やサービスを購買し続けてもらうことこそ企業が利益を獲得し，生き残るための近道と考えられる。

5. マーケティングの拡張

　マーケティングというと企業の活動だと思う人が多いが，マーケティングの主体は営利組織に限定されない。その考え方やフレームワークは，非営利組織やアイデア支援団体などさまざまな主体に適用でき，実際に有効性も確認されている。たとえば，大学を例に考えてみよう。大学は利潤の追求を第一の目的としない非営利組織であるが，学生を獲得して健全な経営を行うことは必要である。周知のとおり，日本国内の18歳人口は年々減少し，今後もその傾向は止まらない。大学の吸収合併，閉鎖の件数も急増しており，学生を獲得して存続していくためにマーケティングが欠かせなくなっている。たとえば，大学教員が高校に出向いて模擬講義を行ったり，オープン・キャンパスを開催して大学の雰囲気を体感してもらいながら，さまざまなプログラムの説明をしたりする。授業内容改善のために受講生に授業評価アンケートを実施したり，他大学の水準を見ながら学費を見直したり，入試において複数学部や複数日程を受験すると検定料が割引になるなどのサービスも充実させている。18歳人口が減少しているならば，数の多いシニアや社会人，海外からの留学生を取り込もうと新たな教育プログラムを開発したりもしている。

　大学以外にも，美術館や慈善団体，地方自治体などが利用者やメンバーの増加，イメージ向上を図るためにマーケティング活動を行っている。また，選挙において票を獲得しなければならない政治家やファンを増やしたい芸能人といった「人」もマーケティングの主体であり対象となる。さらに，観光地や都市などの「場所」，乳がん検診受診や児童虐待撲滅などの「アイデア」もマーケティングの対象となる。マーケティングはターゲットから望ましい反応を得るための仕組みづくりであり，その反応は「購買」以外のものに拡張して考えることができるのである。

表1-1には，さまざまな主体のマーケティングが例示されている。

表1-1　マーケティングの適用

マーケティング主体	マーケティング対象	ターゲット	望まれる反応
企業	製品・サービス	消費者	購買
非営利組織（例：大学）	教育プログラム	受験生	受験
人（例：政治家）	本人	有権者	投票
行政機関や地域	場所（観光地や都市）	観光客	訪問
アイデア支援団体	アイデア（児童虐待撲滅キャンペーンなど）	集団	理解

出所：恩藏（2019），p.20を一部修正。

24

学習課題

1. 社会的マーケティング・コンセプトに従う企業の具体的な活動を調べ，それらが消費者や社会全体に対してどのような影響を与えているか考察してみよう。
2. 具体的な製品あるいはサービスを取り上げ，顧客価値を高める方法をできるだけ多く考えてみよう。

参考文献

・青木幸弘・上田隆穂（2009）『マーケティングを学ぶ』有斐閣
・和田充夫・恩藏直人・三浦俊彦（2016）『マーケティング戦略〈第5版〉』有斐閣
・恩藏直人（2007）『コモディティ化市場のマーケティング論理』有斐閣

2 | マーケティングにおける環境分析

石田大典

《目標＆ポイント》 マーケティング戦略とは，製品やブランドに関する目標を達成するため，企業を取り巻く外部環境下において進むべき方向性を決定し，資源配分を行うことである。したがって，マーケティング戦略の策定にあたっては，外部環境を把握するとともに，自社の経営資源や組織能力を理解することも必要となる。本章では，SWOT分析の枠組みを援用しながら，自社の強みと弱み，そして外部環境における機会と脅威を分析するための枠組みや考え方を説明していく。

《キーワード》 SWOT分析，経営資源，組織能力，バリュー・チェーン，5つの競争要因

1. SWOT分析

　アイリスオーヤマ株式会社の大山健太郎氏は，かつて園芸用品に参入した際に日本企業140万社のデータを丹念に調べたという。その結果，園芸用品市場が成長しており，またプラスチック製の鉢が販売され始めていたことが明らかとなった。そこで，同社のプラスチック加工技術を活かし，水はけのよいプラスチック製の鉢を開発し，大きな成功を収めた。

　この事例が示すように，マーケティング戦略を成功に導くためには，自社を取り巻く外部環境から機会を見つけ出し，自社が持つ強みを梃子<ruby>梃子<rt>てこ</rt></ruby>にして機会を捉えることが重要である。したがって，マーケティング戦略の出発点となるのは，外部環境に対する理解と自社に対する理解を深

めることである。

　外部環境を大別すると，事業にとってプラスの要素をもたらす機会と
マイナスの要素をもたらす脅威に分類することができる。また，自社に
関しては，外部環境に対応するうえでの経営資源や組織能力が，競合他
社と比較して強みとなるのかあるいは弱みとなるのかに大きく分かれる。
このように，自社の強み（Strength）と弱み（Weakness），外部環境
の機会（Opportunity）と脅威（Threat），という４つの視点から環境
要因を整理する枠組みをSWOT分析という。なお，機会や脅威を外部
環境というのに対して，自社の経営資源や組織能力を内部環境というこ
とがある。本書においても経営資源や組織能力を内部環境と呼ぶ。

　内部環境の強みと弱みは，競合他社と比較した相対的なものである。
したがって，内部環境の分析においては競合他社をどのように定義する
のかが重要となる。競合他社とは，類似した顧客ニーズに焦点を当て，
類似した製品やサービスを提供する企業である。したがって，同一業界
内のみに目を向けるのではなく，代替品も含めて広く競合他社を定義す
ることが求められる。

　外部環境の機会と脅威は，影響度合と発生確率という２つの視点から
捉えられる。影響度合は機会と脅威が事業に対して及ぼす影響の大きさ
を表している。たとえば，他の企業による業界への新規参入は，影響度
合いが大きな脅威の１つである。発生確率とは，機会あるいは脅威が起
こる可能性の大きさを指している。新規参入は影響度合いの高い脅威だ
が，携帯電話事業や大学のように認可を必要とする場合，発生確率は必
ずしも高くない。

　SWOT分析と類似した分析枠組みに３C分析がある。３C分析とは，
自社（Company），顧客（Customer），競合（Competitor）という３つ
の視点から環境要因を整理する方法である。自社の分析では，SWOT

分析と同様に強みと弱みが検討される。一方，顧客や競合は外部環境として位置づけられる。したがって顧客や競合に関して，機会をもたらす要因と脅威となる要因を分析することになる。

2．内部環境の分析

（1）　経営資源と組織能力

　自社の内部環境はどのように分析するべきだろうか。強みや弱みを見極めるためには，競合他社と比べて自社のどの部分が勝っているのかあるいは劣っているのかを理解しなければならない。たとえば，競合他社よりも豊富な資金を有していたり，優秀な人材を擁していたり，また優れた技術を有したりしている場合，強みがあると言えるだろう。このように，自社の内部環境を分析する際，組織が有する経営資源や組織能力に着目するのが有用である。

　経営資源とは，企業経営に必要とされる手段の総称である。具体的には，ヒト・モノ・カネに代表される有形の経営資源と技術，ノウハウ，情報，ブランドに代表される無形の経営資源が挙げられる。経営資源それ自体は必ずしも優位性に結びつくわけではない。経営資源を効果的に配分し，活用する組織能力が発揮されることも重要である。たとえば，サッカーや野球などのスポーツでは，監督が替わっただけでチームが強くなったり弱くなったりすることがある。選手を起用する監督の力量によって成果は大きく異なるのである。同様に，組織能力を十分に活かすためには，相応の経営資源が必要とされる。

　経営資源や組織能力が自社の強みとなるための条件として，①重要性を有していることと，②卓越性を有していること，という2つが挙げられる。重要性とは，ある経営資源や組織能力が事業の成功へ寄与するかどうかである。卓越性とは，保有する経営資源や組織能力が競合よりも

28

優れていたり，多かったり，独自であったりするかどうかである。重要性の高い経営資源や組織能力は競争優位の構築に結びつき，卓越性の高い経営資源や組織能力は競争優位の維持に結びつく。したがって，重要性と卓越性を備えた経営資源や組織能力は強みとなるのである。

　自社の経営資源と組織能力を分析する際，強みと弱みは相対的であることを認識しておかなければならない。同じ経営資源でも比較対象となる競合他社が変われば強みにもなるし弱みにもなる。したがって，競合他社の定義が非常に重要となる。

（2）　組織能力の分析

　組織能力を捉えるためには，事業におけるさまざまな活動へ目を向ける必要がある。企業の活動を細分化し，整理する代表的な枠組みの1つにバリュー・チェーンがある（図2-1）。バリュー・チェーンでは，企業の活動は主活動と支援活動に大きく分類される。主活動とは製品を製造し，販売し，アフターサービスを行うまでを指しており，①購買物流，

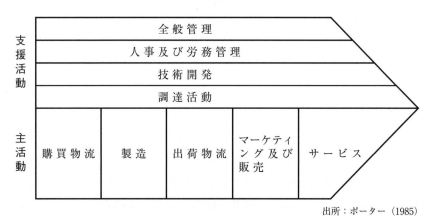

出所：ポーター（1985）

図2-1　バリュー・チェーン

②製造，③出荷物流，④マーケティング及び販売，⑤サービスが含まれる。購買物流とは，原材料の調達における物流活動である。製造は原材料を基に最終的な製品を生産する活動である。出荷物流は買い手に届けるまでの物流活動を表している。マーケティング及び販売に関して，ここで含まれる活動は4Pすべてではなく，主にプロモーションである。サービスは購買後に提供されるサービスを指しており，製品の設置や保守，点検などが含まれる。

　支援活動はそれぞれの主活動を支える役割を果たす。支援活動には，①全般管理，②人事及び労務管理，③技術開発，④調達活動が含まれる。全般管理とは，経営，財務，法務など組織の運営に関する幅広い活動を指している。人事及び労務管理は，従業員の採用や教育に関する活動である。技術開発は製品や製造などに関する技術の研究開発である。調達活動とは，サプライヤーの選定やサプライヤーとの交渉などである。

　バリュー・チェーンは製造業企業を主として描かれており，細分化された諸活動は必ずしも製造業以外においても等しく重要であるわけではない。そのため，分析においてはまず自社が属する業界の一般的なバリュー・チェーンを理解するところから始めなければならない。また，同一業界内であったとしても，企業ごとにバリュー・チェーンは異なることにも留意しなければならない。たとえば，アイリスオーヤマ株式会社は製造業だが，卸売機能を有しているので競合他社とはバリュー・チェーンは異なるだろう。

（3）　経営資源や組織能力の分析

　経営資源や組織能力をより詳細に評価する枠組みにVRIO分析がある。VRIOとは，経済価値（Value），希少性（Rarity），模倣困難性（Imitability），組織（Organization）の4つの要素を表している。経済

価値とは，経営資源や組織能力が外部環境の機会を捉えたり，脅威に対応したりするうえで有効かどうかということである。したがって，経済価値は，強みに関する1つ目の条件である重要性との関連性が高い。

　希少性とは，特定の経営資源や組織能力を保有している企業が多いのか，あるいは少ないのかということである。経済的価値の高い経営資源であっても，多くの企業が保有しているのであれば，優位性を構築できたとしてもそれを維持するのは難しい。模倣困難性とは，競合他社が経営資源や組織能力を模倣できるか，あるいは代替できるかどうかということである。製造設備や資金は調達できるので，一般的に模倣困難性は低い。一方，ノウハウのように独自の経験から作り上げられた経営資源，ブランドのように自社だけで構築したり管理したりできない経営資源，そして技術のように特許で守られている経営資源は模倣困難性が高いと言えるだろう。希少性や模倣困難性は，強みに関する2つ目の条件である卓越性との関連性が高い。

　組織とは，経営資源を活用し，組織能力を発揮できるように組織がデザインされているかということである。組織の構造やルールが適切に設計され，従業員のモチベーションを高めるような制度が整えられることで，経営資源や組織能力の潜在性は最大限に発揮されるだろう。

3. マクロ環境の分析

　外部環境はマクロ環境とミクロ環境に分類される。マクロ環境とは，顧客のニーズや競合他社の動向へ幅広く影響を及ぼす環境要因である。一方，ミクロ環境とは，自社が事業を展開する市場環境を指している。主要なマクロ環境要因には，人口動態要因，経済要因，政治要因，社会文化要因，技術要因，自然環境要因，グローバル要因がある（表2-2）。特に，政治要因（Politics），経済要因（Economics），社会文化要因

表2-1　主要なマクロ環境要因

マクロ環境要因	例
人口動態要因	・人口規模 ・年齢構成 ・所得 ・民族構成
経済要因	・経済成長率 ・金利 ・物価 ・個人貯蓄率
政治要因	・独占禁止法 ・消費者保護法 ・規制緩和
社会文化要因	・女性の社会進出 ・転職やキャリア選好 ・働き方への意識
技術要因	・イノベーション ・民間や政府が支援する研究分野 ・コミュケーション技術
自然環境要因	・天然資源 ・自然災害 ・持続可能性 ・気候
グローバル要因	・言語，宗教 ・異なる文化や制度 ・政治的な対立 ・天然資源やインフラの違い ・気候の違い

出所：ヒットら（2014），一部修正

（Society），技術要因（Technology）の4つに注目したPEST分析という手法もある。

人口動態要因は，人口や年齢構成など人々の属性を表している。たとえば，少子高齢化による高齢者の増加や核家族化による世帯数の増加は企業に対して新たな機会や脅威をもたらす可能性がある。

経済要因には，経済成長率，物価，そして金利の変動などが含まれる。経済要因は，消費者や組織の購買行動へ影響を及ぼす。たとえば，経済が成長するほど消費者の所得水準は高まり，結果として消費への意欲が高まる。また，金利が低くなるほど，消費者の大きな買い物や企業の設備投資が促進される。

政治要因とは，事業活動に影響を及ぼす法律を指している。たとえば，独占禁止法のように不公正な競争から企業を守る法律や，消費者保護法のように不公正な取引から消費者を保護するような法律が挙げられる。また，税制に関する法律も政治的要因に含まれる。たとえば，消費税や所得税が増税されたり，あるいは減税されたりすると，消費者の購買意欲は変化する。

社会文化要因とは，社会，文化，価値観などに関連した要因である。ライフスタイルや働き方に対する価値観の多様化によって，これまでは考えられなかったような新たなニーズが顕在化する可能性がある。

技術要因とは，技術の進化や革新を表している。たとえば，人口知能やブロックチェーンといった分野では目まぐるしい速度で技術開発が行われている。そうした技術は，さまざまな業界でイノベーションを引き起こす可能性がある。

自然環境要因は，気温や天候，天然資源などに関連した環境要因である。地球温暖化や環境破壊，さらには天然資源の枯渇など，多くの問題が存在している中で，自然環境要因への注目はますます高まっている。

　多くの国で事業を展開する企業は，マクロ環境をグローバルな視点で分析しなければならない。グローバル要因とは，複数国におけるマクロ環境要因の差異である。人口動態要因の差異であれば，年齢や人種の構成の違いなどが挙げられる。また，経済要因の差異であればインフラ整備，所得格差，一人当たりのGDPの違いなどがある。たとえば，中国は一人当たりのGDPという点では日本よりもまだ低い水準にあるが，電子マネーのインフラは日本よりも普及している。政治要因の差異は，政治的な関係，貿易協定の有無，通貨の共通性など，政治的な背景を基にした違いである。社会文化要因の差異には言語や宗教の違いなどがあり，技術要因の差異には科学技術や生産技術などの水準の違いがある。自然環境要因の差異とは，面積，気候，地形，天然資源などの違いである。

4. ミクロ環境の分析

　ミクロ環境を構成する要因は，顧客や競合他社，そしてサプライヤーなどに細分化できる。ポーターは，業界全体の収益性を左右する要因として，5つの競争要因を挙げている（図2-2）。それは，①業界内の競争関係，②新規参入の脅威，③売り手の交渉力，④買い手の交渉力，⑤代替品の脅威である。

　第1の要因は，業界内の競争関係である。競争が激しくなるほど，業界全体の収益性は低くなる傾向にある。なぜならば，各社は競合企業に勝つために価格を下げようとしたり，差別化のために多大なコストを掛けたりするからである。競争が激しい業界は，一般的に①競合他社が多い，②競合企業間の差が小さい，という特徴を有している。一方，市場が寡占状態になると，リーダー企業が圧倒的な力を持つので競争は起こりにくい。つまり，業界内の上位集中度が低いほど競争は激しいと言える。

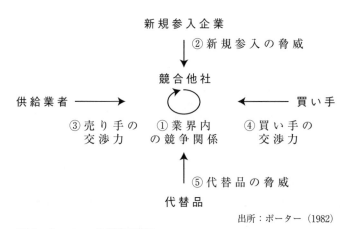

出所：ポーター（1982）

図2-2　5つの競争要因

　業界内の上位集中度を測る指標の1つに，ハーシュマン・ハーフィンダール指数がある。ハーシュマン・ハーフィンダール指数は，業界に存在する各社の市場シェアを2乗して足し上げたものである。たとえば，ある市場が5社の企業によって構成され，各社のシェアがそれぞれ20％だったとする。その場合，ハーシュマン・ハーフィンダール指数は0.2（$=0.2^2+0.2^2+0.2^2+0.2^2+0.2^2$）となる。ハーシュマン・ハーフィンダール指数は値が小さいほど競争が激しくなりやすいことを意味している。なお，上の計算例は市場シェアを小数で表現しているが，％で用いている整数を基に計算する場合もある。

　第2の要因は新規参入の脅威である。新規参入が容易であるほど，競合企業の数が増えやすいので，結果として競争が激しくなり業界の収益性は低くなる。新規参入における参入障壁には，①規模の経済性，②必要投資額，③チャネルの確保，④製品差別化，⑤政府による規制などがある。規模の経済性とは生産量が多くなるほど製品一単位当たりのコストが減少するという効果である。規模の経済性が働きやすい業界ほど，

既存企業のコスト優位性が大きく，新規参入企業にとっては不利となる。また，参入に際して必要となる投資が大きいほど，市場への参入は難しくなる。たとえば，製造業では生産設備が必要となるし，金融業ではキャッシュが必要となるだろう。チャネルの確保とは，販売経路を確保するということである。消費財のカテゴリーでは，チャネルの確保は代表的な参入障壁の1つである。コンビニやスーパーなどの売場は限られており，そこに新規参入企業の製品を置いてもらうことは容易ではない。大きく差別化され，顧客のロイヤルティを獲得しているブランドが多い市場も参入が難しい。なぜならば，愛着のあるブランドから顧客を乗り換えさせるためには，それに見合うだけの大きな価値を提供しなければならないからである。顧客が売り手やブランドを替える際に発生するコストをスイッチング・コストという。スイッチング・コストには金銭的コストや心理的コスト，そして手間コストなどがあり，これらが大きくなるほど参入障壁は高くなると言える。最後に，政府の規制によって参入するための厳しい基準が設定されている場合，新規参入は難しいものとなる。

　第3の要因は売り手の交渉力であり，第4の要因は買い手の交渉力である。これらは取引相手の交渉力という面において共通点が多い。売り手の交渉力が高まるほど高く買わなければならなくなるし，買い手の交渉力が高まるほど安く売らなければならなくなる。したがって，売り手もしくは買い手の交渉力が強い業界は収益性が低くなる。取引相手の交渉力は市場支配力や取引依存度などによって決まる。なお，ハーシュマン・ハーフィンダール指数を用いれば，売り手及び買い手市場の上位集中度を測定することができる。上位集中度の高い業界には市場支配力の強い有力企業が存在するため，そうした企業との取引依存度が高まりやすい。その結果，取引相手の交渉力が高まるので，自社の収益性は低く

なるだろう。

第5の競争要因は代替品の脅威である。代替品は同じニーズを異なる方法で満たす製品やサービスを指している。たとえば，スマートフォンのアプリケーションは，カメラ，辞書，地図，カーナビゲーション，パソコン，書籍といったさまざまな製品を代替している。代替品のほうが既存製品よりもコスト面で優れており，価格が安い場合，既存製品も値下げをしなければ顧客を奪われてしまう。また代替品のほうが高い機能を有している場合，代替品と同程度の価格設定は難しくなる。結果として，業界の収益性は低下してくことになる。

近年，これらの5つの競争要因に加えて，第6の競争要因として補完財の影響が強調されるようになっている。補完財とは，スマートフォンとアプリケーションのように組み合わせることで機能を発揮したり，スマートフォンとスマートウォッチのように組み合わせることで機能を高められたりする関係にある製品である。補完財は，一方の製品の市場が拡大すると，もう一方の製品の売上が増加するという協調関係にあるため，事業環境に影響を及ぼす重要な要因と言える。

学習課題

1．みなさんが知っている企業を1つ取り上げ，経営資源と組織能力を分析し，評価してみよう。
2．課題研究1で挙げた企業に関して，外部環境（マクロ環境とミクロ環境）を分析してみよう。
3．課題研究1と2の結果を整理して，SWOT分析をやってみよう。

参考文献

・アダム・ブランデンバーガー，バリー・ネイルバフ（1997）『コーペティション経営』日本経済新聞出版社
・ジェイ・バーニー（2003）『企業戦略論（上）基本編』ダイヤモンド社
・沼上幹（2000）『わかりやすいマーケティング戦略』有斐閣
・パンカジ・ゲマワット（2009）『コークの味は国ごとに違うべきか』文藝春秋
・マイケル・ヒット，R・アイルランド，ロバート・ホスキソン（2014）『戦略経営論〈改定新版〉』センゲージラーニング
・マイケル・ポーター（1982）『競争の戦略』ダイヤモンド社
・マイケル・ポーター（1985）『競争優位の戦略』ダイヤモンド社
・ロバート・グラント（2019）『グラント現代戦略分析〈第 2 版〉』中央経済社

3 | 消費者行動

井上淳子

《目標＆ポイント》 効果的なマーケティングを実行するためには，消費者の理解が不可欠である。それは消費者の行動だけでなく，行動を導く彼らの心理的な側面も含んでいる。本章では消費者の購買意思決定プロセスに沿って消費者行動の基本原理について学ぶ。

《キーワード》 購買意思決定プロセス，記憶，態度，関与，意思決定方略

1. 消費者行動とは何か

（1） マーケティングと消費者行動

　企業のマーケティング活動はターゲットである消費者に向けて行われているため，消費者行動を理解することが，効果的なマーケティングを展開するうえで不可欠である。消費者行動とは文字通り，消費者の行動を指し，その対象範囲は「買う」という行為にとどまらない。消費者行動はプロセスである。たとえば，長年愛用してきた鞄を廃棄するか，フリーマーケットで売却するかを決めたり，友人からプレゼントされたスニーカーを着用したりすることも消費者行動である。つまり製品・サービスの購買だけでなく，「処分」や「購買を伴わない使用」もその中に含まれる。また購買に際して消費者が行う情報収集や製品の比較なども消費者行動の一部である。消費者行動とは，人々が製品やサービスなどを取得，使用，処分する際の意思決定や行動を指す。

　従来は，消費者行動の中でも「購買」や「選択」に対して多くの注意

が向けられてきた。それらが企業の売上に直結すると考えれば当然のことだろう。近年では，消費者が購買後に製品をどのように消費しているか，どのように評価するか，どのように処分するかにも関心が寄せられている。消費者は，時に企業の想定とは異なる方法で製品を使用したり，環境や社会問題に対応すべく製品の廃棄方法を変えたりする。また，製品を使用した後にその良し悪しを情報発信する消費者も増加しており，購買や使用後の消費者の満足／不満足，クチコミも消費者行動の重要な要素と捉えられている。したがって，企業は消費者が製品を入手し，廃棄するまでの一連の流れを包括的に理解して，マーケティングを行わなくてはならない。

（2）　消費者の購買意思決定プロセス

　消費者の購買行動は何をきっかけに始まり，どのようなプロセスを経るのだろうか。何かモノを買ったときのことを思い返してみよう。店頭で見て衝動的に購買したものだろうか，あるいは数か月前からいろいろな情報をチェックして入念に検討を重ねた末の購買だろうか。消費者の購買意思決定は図3-1のようなプロセスを経て行われると考えられている。

　スタート地点は「問題認識」である。ここでいう問題とは，「喉が渇いた」「お腹がすいた」のように，特定のニーズが満たされていない状況をいう。そして，この状態に気が付く，つまり問題を認識すると，消費者はその解決のために行動を開始する。問題の認識は消費者の自発的な気づきだけでなく，外的な刺激によって喚起されることもある。たとえば，ベーカリーの横を歩いて焼き立てパンの香りを嗅ぐことで，急に空腹を感じたり，友人のSNSにきれいなリゾート地での写真がアップされているのを見て，旅行に行きたいと思ったりすることも問題認識で

40

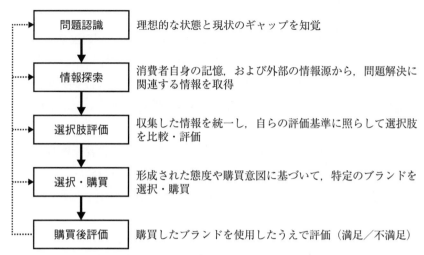

図3-1　消費者の購買意思決定プロセス

ある。

　問題を認識すると，消費者の行動は「情報探索」へ導かれる。情報探索とは意思決定に必要な情報を探すことを指し，内的情報探索と外的情報探索に分類される。過去の購買経験や広告接触によって形成された記憶や知識を参照することを内的情報探索という。一方，外的情報探索とは，企業の広告やパンフレットを見たり，雑誌やインターネットで調べるなど，さまざまな外部の情報源にあたることをいう。外的情報探索をする際の情報源には，広告や販売員の説明といった売り手主導のマーケティング刺激と，買い手によるクチコミなどの非マーケティング刺激がある。

　情報探索の次の段階は「選択肢評価」である。消費者は収集した情報を統合し，自分のニーズや予算に照らしながらどの選択肢が良いかを評価・判断する。選択肢評価は，消費者が製品やサービスに対して有する

態度と密接に関連しており，この態度を把握することによって消費者の購買をより良く予測できると考えられている。つまり，好ましい態度を得ている製品やサービスは，そうでないものよりも購買される可能性が高くなる。

　選択肢評価を経て消費者は「選択・購買」の段階へと進む。ただし，ここには「購買するか否か」の決定も含まれる。購買するという決断をした場合，消費者はいつどこで買うかの選択をしなくてはならない。実店舗に出向くのか，オンラインショップで購入するのか，また具体的にどの店舗で購買するのかを決める。いつ買うかというタイミングも消費者自身の決定事項である。

　選択について，理論的には選択肢評価の段階で最も高く評価されたものが選ばれるはずだが，実際の購買が必ずそうなるとも言い切れない。いくつかの要因によって，購買が中止されたり延期されたりすることもある。たとえば，購買時点で目当ての製品が品切れであれば別のものを買うこともあるだろうし，店頭で類似製品が大きく値引きされていたら，当初の決定を覆すこともあるだろう。他にも店内が混雑しているという理由で購買を延期することもあり得る。

　そして，製品やサービスが購買された後，購買意思決定プロセスは「購買後評価」の段階に至る。消費者は製品やサービスを使用したり，経験した後に，それらの良し悪しについて評価を下す。事前の期待が十分に満たされ，高い満足を得た顧客は次の購買機会にも同じブランドをリピートする可能性が高い。また，購買頻度や購買量が増えるなどの効果，ほかの消費者に対して当該ブランドを推奨してくれることも期待できる。逆に，不満を抱えた消費者は次の機会に購買しないばかりか，ネガティブなクチコミをする可能性がある。SNS に代表される CGM（Consumer generated media）が普及した近年では，こうしたクチコ

ミが他の消費者や企業に対してますます大きな影響を及ぼすようになっている。

（3）　動機づけ

　先述のように消費者の購買行動は問題認識から始まるが，なぜその問題認識が消費者を行動に駆り立てるのか，そもそもどのように問題が認識されるのかを理解しなければマーケティング戦略に活かすことはできない。動機づけ（motivation）は，人々を行動に駆り立てるプロセスを意味する。80歳を過ぎてなぜ Youtube を始めてみようと思うのか。なぜ害しかないと言われるタバコを吸い続けるのか。なぜ燃費が悪い高額な車に乗るのか。たとえ本人が正確にそのニーズを把握していなくとも，当該製品やサービスが何かしら彼らの心を充足させる（と期待する）から選択されるのである。

　消費者が問題を認識するのは，自分が理想とする目標状態と現状との間に無視できない乖離があることを知覚したときである。消費者が感じるこの欠乏こそがニーズとなる。あるべきものがない状態は消費者に緊張を与えるため，それを緩和したいという衝動が消費者を行動に突き動かす。緊張の程度が緩和したいという衝動，つまり動因（drive）の強さを決めるのである。

　そもそも消費者は何を求めるのか。この問いに答えるのは容易ではないが，心理学者のエイブラハム・マズローによる有名な「欲求の階層」は1つのヒントになる。5層になった欲求のピラミッドは下から，「生理的欲求」「安全欲求」「所属欲求」「自我欲求」「自己実現欲求」へと順に高いレベルのニーズとなる。生きるために必要な食料・睡眠などに対する欲求，安心・安全な暮らしに対する欲求，愛や友情，他人とのつながりを求める所属欲求，地位や特権を手にすることへの自我欲求，そし

て，より高みの自己を目指す自己実現欲求である。下層 2 つのニーズは製品やサービスの機能的なベネフィットによって満たすことができるが，上層部になると製品やサービスの情緒的，あるいは観念的なベネフィットが伴わなければ消費者を満足させることはできない。

2．消費者の情報処理

（1）　知覚

　消費者は，五感を通じて外界の刺激や情報を受け取り，購買意思決定に活用している。人間が刺激や情報に意味づけをするプロセスは知覚と呼ばれ，接触・注意・解釈という 3 段階からなる。私たちが最も頼りにし，情報を多く受け取っている感覚器官はどれだろうか。それは視覚である。8 割ほどの情報が視覚を通じて得られているという。その他に，私たちは聴覚・嗅覚・味覚・触覚の感覚受容体を持っている。近年，これら五感に働きかけるセンサリー・マーケティングが注目されており，さまざまな分野で用いられ成果を挙げている。

　人間は外界の刺激をすべて受け入れているわけではない。一日のうちに膨大な数の商業的な刺激に接触していても，それらのごく一部にしか注意を向けていない。これは知覚に選択的な性質があるからで，消費者は過去の経験や知識，自己との関連性などをベースに情報をフィルターにかけている。その作業は消費者が認知的な資源を割いて意識的に行っているものばかりではなく，ほとんどは無意識に行われている。

　広告などの刺激が消費者にスルーされない，つまり注意を向けてもらうにはどのような要素が必要なのだろうか。知覚に影響を及ぼす要因として，刺激の物理的あるいは認知的特性，消費者の個人的特性，外部の環境などが挙げられる。刺激の物理的な大きさ，色，動きなどは消費者

が対象に注意を向けるかどうかに大きく影響する。また，刺激の認知的要因も注意に影響を及ぼす。たとえば，モノクロの新聞広告の中に一部だけカラーが使われているとか，製品が予想外な場所に置かれているとか，風変りなパッケージ・デザインであるとか，どこか違和感を覚える表現方法を用いると，消費者の注意を獲得しやすい。さらに，認知的要因は注意だけでなく，解釈にも影響を及ぼす。たとえば「松・竹・梅」のような序列のついたオプションが提示されたとき，真ん中が最も選ばれやすい。それは，消費者が極端なものを避けようとする「妥協効果」が働くからである。同様に品質やランクなどの序列がある場合，オプションがAとBの2つの場合よりもBに劣るCを加えた時のほうがAの選択確率が高まる。これは劣る選択肢が増えることでAの魅力度が増す「魅力効果」が生まれるからである。

　人間の知覚にはこのようなバイアスがつきもので，同じ水でも紙コップで飲むのと重いグラスで飲むのでは，後者の方が美味しく感じるとか，長い行列に並んでいても，自分の好みの音楽が流れているとその待ち時間を短く感じるとか，その例は枚挙にいとまがない。つまり，消費者にどのように情報を提示するか，どのような経験を提供するかは消費者の知覚に影響し，製品評価や満足度を左右する重要な要因だということである。

（2）　記憶

　先に学んだ知覚のプロセス（接触→注意→解釈）は消費者の記憶と密接に関わっている。記憶は，情報を取得して，将来必要な時に引き出せるようにそれを貯蔵しておくプロセスである。消費者が膨大な数の情報に晒されながらも，特定の対象に注意を向けたり，それらを解釈したりできるのには，すでに蓄積された記憶や知識が影響している。知覚のプ

ロセスで接触した情報はその保持期間に差はあるものの，感覚レジスター（器官）や2つの記憶貯蔵庫に記憶される。情報は短期／長期貯蔵庫に送られる前に，符号化のプロセスを経る。符号化とは，情報が視覚的・音韻的・意味的符号に変換されることを指す。

　記憶のシステムは，感覚記憶・短期記憶・長期記憶から構成される。感覚記憶は感覚器官で得た情報を1秒未満（視覚の場合）のようにごく短い時間保持する。短期記憶は，情報の一次的な貯蔵庫であり，消費者が獲得した情報に処理を施す作業領域である。そのため短期記憶は作業記憶とも呼ばれる。短期記憶の容量には限界があり，新たな情報が取得されると，古い情報は消滅する。しかし，その前に反復や精緻化（意味づけ）などがされることで，短期記憶の情報は長期記憶へと転送される。これを記銘という。

　長期記憶は，容量無制限の永久的な情報の貯蔵庫であり，エピソード記憶や宣言的記憶，手続き的記憶などが収められている。エピソード記憶は消費者本人の経験に関する記憶で，宣言的記憶は「…は〜である」のような概念に関する記憶，さらに手続き的記憶は「こうすると，ああなる」のような原因と結果の関係を保持した記憶である。

　記憶はどのような形で保持されているのだろうか。記憶の活性化モデルによれば，記憶は蜘蛛の巣のようなネットワーク構造をしていて，新たに入ってくる情報は多くの関連情報を有する連想ネットワークの中に組み込まれる。つまり，ネットワーク内ではすでに「ノード」と呼ばれる情報（概念や感情など）が相互に結びついていて，新たな情報はそれと関連する内容のノードと「リンク」によって連結されるのである。

　長期記憶の情報は，消費者が購買意思決定に際して行う情報探索の「内部情報」として利用される。自社の製品・サービスに関連する情報が長期記憶に保持されているか否か，またどのようなノードと結びつい

て保持されているかによって製品・サービスの成否が変わってくる。

（3）　消費者関与

　関与とは，ある対象や事象と消費者自身との関わり合いの程度を表しており，こだわりや関心，思い入れ，重要性などの意味を併せ持つ概念である。消費者の個人特性である関与水準は購買意思決定プロセス全体を通じて影響をもたらす重要な要因である。消費者が関わりの程度を知覚する対象となるのは製品・広告（メッセージ）・購買状況などであり，たとえば，高額な製品や大切な人へのプレゼントを購入する場合などは購買状況関与が高くなる。また，自分にとって重要な意味を持つ製品カテゴリーであれば購買するしないに関わらず製品関与が高くなる。広告メッセージもテレビCMから流れてくるものにはまったく関心がないが，友人のクチコミやSNS上の情報には高い関与を示すといった場合がある。こうした関与水準の差は，結果としての感情・認知・行動に明確な違いをもたらす。

　一般に関与が高まるとその対象に対して消費者の注意が向きやすく，情報探索の量が増大し，深い情報処理が行われ（精緻化），複雑な評価が行われる。容量に制限のある短期記憶でも，消費者の関与が高い場合には記憶容量が増大することがわかっている。

　ヘンリー・アサエルは消費者の関与水準とブランド間の知覚差異（製品間の品質の違いを消費者が識別できる程度）によって消費者の購買行動を4つに分類している（図3-2）。消費者関与が高く，ブランド間の知覚差異も大きい場合，消費者は複雑な情報処理を行って購買意思決定をする。逆に関与が低く，ブランド間の知覚差異も小さい場合には，習慣的な購買がなされる。つまり，いつも買っているブランドをほとんど何も考えることなく買い物カゴに入れるとか，ブランドはこだわらず

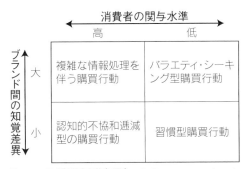

図 3 - 2　アサエルの購買行動類型　出所：Assael, H.（1987）, p.87を基に作成

「特売している製品」を選択するような購買である。関与が低く，ブランド間の知覚差異が大きい場合には，さまざまなブランドを試してみるバラエティ・シーキング行動が起こりやすい。さらに関与が高くブランド間の知覚差異が小さい場合には，認知的不協和逓減型の行動がとられる。認知的不協和とは，認知と行動と感情のバランスが崩れて自己の内部で矛盾が生じ，心理的な緊張が高まった状態をいう。製品を購買した後に，「本当にこのブランドでよかったのだろうか？」とか「別のブランドにしておけばよかった」という感情が芽生えた場合，購買自体はすでに終わっていて変えられないので，消費者は認知や思考を変えることでこの不協和を低減させようとする。具体的には，クチコミサイトで，選ばなかったブランドに関するネガティブな情報を意識的に目にしたり，購買したブランドの広告を見て，その良さを再確認したりする。

3. 消費者の態度と購買意思決定

（1）　態度

　態度は，人・製品といった対象に対する消費者の一貫した評価であり，行動を最もよく予測できる変数だと考えられている。「ものすごく好き」

「やや嫌い」のように方向とその程度を含んで表現されることが一般的
で，たとえば，消費者が自社ブランドに対してかなり肯定的（好意的）
な態度を示している場合には，購買意図や購買行動が導かれると予想で
きる。

　特定の製品やサービスに対する態度を把握しようとする際には，多属
性態度モデル（multiattribute attitude model）の考え方が参考になる。
多属性態度モデルでは，製品やサービス（ブランド）に対する態度が，
各属性の重要度（属性重要度）と当該ブランドがその属性を備えている
という信念の強さ（属性信念）によって決まるという仮定を置いている。
モデルで表すと，次のようになる。

$$A_j = \sum_{i=1}^{n} a_i b_{ij}$$

　　　ただし，A_j ＝ブランド j に対する全体的態度
　　　　　　　a_i ＝属性 i の重要度
　　　　　　　b_{ij} ＝ブランド j が属性 i を有するという信念の強さ
　　　　　　　n ＝属性の数

　ノートパソコンやタブレット PC の購入をイメージして簡単な例で考
えてみよう。選択肢となるブランド A，B，C の各属性について表3−
1のような信念が抱かれていたとする。表側には属性，表頭にはブラン
ドが配置されている。属性の横の列に意思決定者 X さんにとっての属性
重要度が示されている。先に述べたように，ブランドに対する態度は各
属性の信念だけでは決まらず，消費者によって異なる属性重視度で重み
づけする必要がある。したがって，最終行の態度得点には，各ブランド
についての属性信念と属性重要度を掛けて足しあげた値（積和）が記さ
れている。この3つの選択肢から購買を決定するならば，最も態度得点
の高いブランド A が選択されることになる。

表3−1　多属性態度モデルによる態度得点

	属性重要度	属性信念		
		ブランドA	ブランドB	ブランドC
処理能力	6	8	7	9
携帯性	8	7	9	9
デザイン	7	10	6	6
価格	4	5	6	5
（態度得点）		194	180	188

　ところで，態度は必ずこのような複雑な情報の処理を経て形成される
のだろうか。消費者が多属性態度モデルのような補償型の意思決定を行
うのは関与が高い対象の場合だと考えられている。消費者の関与が低く，
購買意思決定に時間や労力をかけたくないという場合には，より簡便な
方法が採用される。簡便な方法はヒューリスティックと呼ばれ，いくつ
かの形がある（詳しくは後述）。

（2）　購買意思決定方略

　選択肢評価を経て，購買意思決定プロセスは購買へと進む。購買に際
しては，評価の最も高い選択肢，つまり消費者の全体的態度が高い製
品・サービスが選ばれると考えられる。しかし，先に記したように，す
べての選択肢が多属性態度モデルのような補償型のパターンで評価され
るとは限らず，より簡便なヒューリスティックによる非補償型の購買意
思決定も頻繁に行われる。非補償型の4つの意思決定方略について見て
いこう。

　デザインを重視してノートパソコンやタブレットPCを購入しようと
考えている消費者の中には，価格や処理能力といった他の属性のことは
考慮せず，単純にデザインが一番優れたものを選ぶ人もいる。このよう

に，最も重視する属性において最も評価が高い製品・サービスを選択する意思決定方略は「辞書編纂型」と呼ばれる。辞書編纂型において，最も重視する属性に同点の選択肢がある場合には，次に重視する属性で最も評価の高い選択肢が選ばれる。一方，重視している属性について，消費者自身が設定する基準を満たしていない選択肢を振るい落としていくというやり方もある。この意思決定方略は，「逐次消去型」と呼ばれる。そのほかに「連結型」と「分離型」がある。前者は必要条件を設定した複数の属性において，1つでも条件を満たしていなければ選択肢から排除するもので，後者は各属性において，1つでも条件をクリアしたものがあればその選択肢を採用するという意思決定方略である。分離型はヒューリスティックの中でも特に簡便なものと言える。ここに挙げた4つの方略はいずれも認知的な手続きによる意思決定だが，感情による意思決定もあり得る。つまり，属性について細かく評価することなく，自分の経験からあのブランドは信頼できるからとか，好きだからといった理由で選択するケースである。非補償型と補償型の意思決定方略を段階的に組み合わせるパターンも実際によく行われている。たとえば，膨大な選択肢をある程度絞ってから，精査しようという場合は，最初に逐次消去型で自分の条件に合致しないものを振るい落とし，残った少数の選択肢について多属性態度モデルで評価したりする。

4. 説得と他者の影響

（1）説得

　企業のマーケティング・コミュニケーションの主な目的は，消費者の自社製品・サービスに対する好意的な態度を形成したり，既存の態度を良い方向に変容させたり，ひいては自社製品の購買へ導くことである。こうした態度への積極的なアプローチは説得と呼ばれる。コミュニケー

ションに関わる詳細な内容は第11章で学ぶが，ここでは広告などによって企業から発せられた情報（発信源，メッセージ，コミュニケーション・チャネル）がどのように消費者の態度形成および変容に影響するのかを見ていく。その際，先に学んだ消費者関与が鍵となる。

　図3-3には，ペティとカシオッポが提唱した精緻化見込みモデル（ELM：Elaboration Likelihood Model）が示されている。このモデルは，説得を試みる情報（説得的コミュニケーション）がどのように処理されるのかについて2つのルートを想定しており，1つは中心ルート，もう1つは周辺ルートと呼ばれる。中心ルートは図の左側，周辺ルートは右側に示されている。まず，説得的コミュニケーションの情報を受けとる消費者側に，情報を精緻化しようとする動機があるか，またその能力が備わっているかが分かれ道となる。情報を精緻化する動機には，関与が大きく影響する。つまり，消費者が情報を自分に関係があるとか興味があると思えば，中心ルートでの処理がスタートする。動機はあってもそのための知識や能力が欠如する場合は中心ルートから外れる。情報が中心ルートで処理されると，その内容に対して認知的反応が生じる。たとえば，その内容が消費者自身の考えと合致している場合には自己の信念と態度を強化させるだろうし，逆に大きく異なる場合には強い反発を抱くかもしれない。中心ルートでの態度変容は否定的な場合も肯定的な場合も，その態度は頑健で行動と一貫したものとなる。

　一方の周辺ルートは，消費者が企業の主張や情報に対して無関心であったり，その内容を理解するだけの能力を持たない場合に，認知的反応を経ず安易に信念の変化や行動の変化が起こることを示している。周辺ルートの場合，提示された情報への反応には本質的な内容ではなく周辺的な手掛かりが用いられる傾向にある。たとえばCMに出ている女優が可愛いとか，珍しいパッケージであるといった周辺的手掛かりが消

52

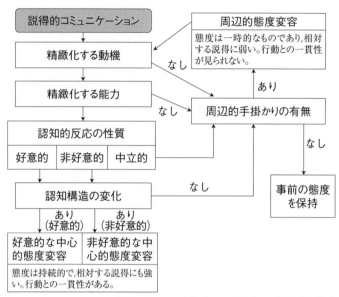

出所：Petty and Cacioppo（1986），p.126を基に作成

図 3-3　精緻化見込みモデル

費者の態度や購買を左右する。ゆえに，周辺ルートでの態度変容は一時的で一貫性がないことが多い。

　消費者に対して同じコミュニケーションを展開しても，彼らの関与と知識のレベルによって説得の効果が異なるのである。

（2）　他者の影響

　消費者は周囲から完全に独立した存在ではないので，購買意思決定のさまざまな段階で他者の影響を受ける。クチコミを参照して買うことを決めたり，やめたりするのはまさに他者の影響を受けている証拠である。情報技術の進歩が一般の消費者の情報発信力を高めたことにより，クチコミはますます重要なものと認識されている。消費者間のコミュニケー

ションでは，すべての人が等しく意思疎通するわけでもなければ，情報の価値や影響力も同じではない。消費者が何かを評価したり判断したりする際に，自分の価値観や考えと照らし合わせてみる個人や集団のことを準拠集団と呼ぶ。準拠集団にはいくつかの種類があり，たとえば，消費者が実際に所属している集団は所属集団と呼ばれる。大学のクラスやサークルなど，実際に自らが知っている人によって構成されているものが該当する。一方，自分が所属していなくても，影響を受ける集団がある。願望集団と呼ばれる集団で，スポーツ選手やモデルなど消費者が憧れていたり，尊敬したりしている人々によって構成される。その反対に拒否集団と呼ばれる集団もある。拒否集団は何らかのネガティブな理由から消費者が距離を置きたいと考えている集団のことを指す。ある商品を購入しようと思っていたのに，誰かが使用しているのを見て購入を踏みとどまるようなケースは拒否集団による影響と捉えることができる。

　準拠集団は消費者の意思決定に対して3つの点で影響力を持つ。1つ目は「情報的影響」である。消費者はさまざまな情報，特に自分が知らない情報を専門的な知識を持つ人々や信用のおける人々に求める。準拠集団がその対象と深く関わっていて，消費者にとって有益な情報を提供してくれるような場合には彼らの影響力が大きくなる。2つ目は「規範的影響」である。消費者の意思決定は家族や同僚，友人といった周囲の人間の好みに影響される。またそのような準拠集団の規範や期待に応えようと行動することもある。その準拠集団に受け入れられることを望むほど，強く影響を受ける。3つ目は「価値表出的影響」である。消費者は憧れや尊敬を抱く集団と同じ行動をとることで，自分のイメージを高められたり，アイデンティティを強化できると期待する。価値表出的影響は，消費者が準拠集団と同じブランドを購入したり利用するという形で現れる。

　情報技術の進化した今日では，バーチャルなネットワークを介して多くの人と接点を持つことができる。友人・知人だけでなく，芸能人やスポーツ選手といったセレブリティとさえ，インタラクションできる環境にある。こうした変化により，消費者の意思決定に与える他者の影響はますます大きなものとなっている。

学習課題

1．自分にとって関与の高い製品（あるいはブランド）を挙げて，実際の購買意思決定がどのように行われたか詳細に振り返ってみよう。関与の低い製品の購買とどのような違いがあるか考えてみよう。
2．マズローの欲求の階層に含まれる所属欲求はどのような製品・サービス，あるいはメッセージによって満たされるか考えてみよう。

参考文献

・田中洋（2008）『消費者行動論体系』中央経済社
・マイケル・ソロモン（2015）『ソロモン消費者行動論』丸善出版
・アラドナ・クリシュナ（2016）『感覚マーケティング』有斐閣

4 | マーケティング・リサーチ

石田大典

《**目標＆ポイント**》 市場をセグメンテーションし，ターゲットを定め，ポジショニングを決める。そしてさらに製品，価格，流通，プロモーションといったマーケティング・ミックスを策定していく。これらマーケティング上の意思決定をより良いものにするためには，市場を理解することが欠かせない。本章では，市場を理解するために行われるマーケティング・リサーチについて，そのプロセスに従いながら説明していく。

《**キーワード**》 一次データ，二次データ，測定尺度，母集団，標本

1. マーケティング・リサーチの意義

　マーケティング・リサーチとは，マーケティングの意思決定を行ううえで有用な情報を獲得する活動である。有用な情報には，意思決定の質の向上と精度の向上という2つの要素が含まれる。意思決定の質の向上とは，より高いレベルで顧客ニーズを満たすマーケティング戦略の構築に寄与することである。一方，意思決定の精度の向上とはマーケティング戦略の展開における不確実性やリスクの低減に寄与することである。

　マーケティング戦略のさまざまな場面でリサーチは実施される。たとえば，環境分析では市場の機会や脅威を見極めたり，STPではセグメンテーションやポジショニングを評価したりするのに用いられる。さらには，マーケティング・ミックスの諸活動においてもマーケティング・リサーチは重要な役割を果たす。たとえば，新製品のアイデアを探索したり，価格弾力性を推定したり，広告に対する反応を測定したり，店舗

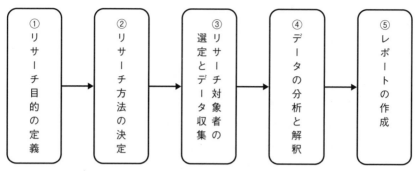

図4−1　マーケティング・リサーチの5ステップ

での購買行動を把握したりするといった利用場面があるだろう。マーケティング・リサーチの2018年の世界市場はESOMAR（European Society Of Marketing And Research）によると，約474億ドルと推定されている。

　マーケティング・リサーチには大きく分けて，①リサーチ目的の定義，②リサーチ方法の決定，③リサーチ対象者の選定とデータ収集，④データの分析と解釈，⑤レポートの作成，という5つのステップがある。

2．リサーチ目的の定義

　マーケティング・リサーチにおける第一のステップは，リサーチの目的を定義し，明確にすることである。新製品のアイデアを求めているのか，広告の表現が適切かどうかを確認したいのか，マーケティング戦略の成果を説明したいのかなど，マーケティングにおけるリサーチの目的は多岐にわたる。目的からリサーチを分類すると，①探索的リサーチ，②記述的リサーチ，③因果的リサーチという3つに大別できる。

　探索的リサーチとは，取り組むべき課題を明らかにするためのリサーチである。たとえば，ある飲料メーカーでは，自社が販売するジュース

の売上が落ちていたが，その理由がわからなかったという。このような場合，売上低下の理由を探るために行われるのが探索的リサーチである。

　記述的リサーチとは，課題の実態や特徴を描くためのリサーチである。そのため，記述的リサーチの前提として，課題が明確に定義されていることが求められる。たとえば，探索的リサーチの結果，ジュースの売上が落ちてきている原因の 1 つとして，甘みが強すぎるという仮説が得られたとする。記述的リサーチでは，自社のジュースが甘すぎると思っている消費者が何割くらいいるのかという課題の実態について明らかにされる。

　因果的リサーチとは，ある原因が結果に及ぼす影響，すなわち因果関係を明らかにするためのリサーチである。たとえば，既存のジュースと甘さを抑えた新開発のジュースを消費者に試飲してもらい，甘さを抑えたジュースのほうが，選好が高くなるかどうかを検証することが挙げられる。

3.　リサーチ方法の決定

　リサーチ目的が決まったら，次にリサーチ方法を決定しなければならない。マーケティング・リサーチで収集及び利用されるデータには一次データと二次データがある。一次データとは特定の目的のために自ら収集したデータであり，二次データとは他者が収集し，加工したデータである。企業が利用できる代表的な二次データには，売上や顧客情報などの内部データと他の組織が収集した外部データがある。外部データの例として，国勢調査や企業活動基本調査のように官公庁が実施したリサーチや経営者へのアンケートや市場シェアの推定値などのようにメディアやシンクタンクが実施したリサーチがある。二次データは探索的リサーチや記述的リサーチで用いられる。

　適切な二次データが存在しない場合は，一次データを収集しなければならない。一次データの収集では，はじめにリサーチの設計とデータの収集方法が決定される。リサーチの設計には，横断的リサーチ，時系列的リサーチ，実験の３つがある。また，データの収集方法には，サーベイ法，インタビュー法，観察法がある。

　横断的リサーチとはある時点において一回のみ行われるリサーチであり，時系列的リサーチとは同一の対象者に対して複数回行われるリサーチである。実験とは原因となる要素を操作して結果がどのように変化するのかを測定するリサーチである。実験の目的は因果関係の明確化であり，因果的リサーチに適した設計である。

（１）　データの収集方法

　サーベイ法とは，いわゆるアンケート調査のことであり，ある事柄に関する質問を対象者に対してすべて同じ文章かつ同じ順番で尋ねる方法である。サーベイ法には，対面・電話・郵送・留置（調査員が対象者を訪問して調査票を渡し，後日回収する方法）・インターネットなどいくつかのタイプがある。サーベイ法のメリットは，インタビュー法や観察法と比較して低コストで定量的なデータを大量に収集できる点である。一方，デメリットは決められた項目以外の質問はできない点である。

　インタビュー法とは，ある事柄に関して，対話形式で尋ねる方法である。対象者の回答を受けて新たな質問を行うことも可能である。インタビュー法には，一人の対象者に対してじっくりと話を聞くデプス・インタビューや複数の対象者から座談会形式で話を聞くグループ・インタビューといった方法がある。インタビュー法のメリットは対象者の考えを深く聞ける点である。気になる回答があれば，追加の質問を行って深堀できるし，対象者の動きや表情などの感情表現も捉えられる。一方，

デメリットはインタビュアーの手腕によって結果が大きく左右される点である。また，インタビューの結果はあくまで少数意見でしかないことや，データの分析において主観が入りこみやすいことにも留意しなければならない。

　観察法とは，消費者が買い物をしたり消費したりしている場面を観察し，記録していくリサーチである。店頭で行う場合，消費者が店内でどのように回遊しているのか，どのような商品を手に取ったり買い物かごに入れたりしているのかなどが測定される。また，対象者の自宅で行う場合，どのように商品が使われているのかが観察されるだけでなく，インタビューも併せて実施されることが多い。観察法のメリットは，対象者が言葉にできないような深層心理を捉えられる点である。一方，デメリットはインタビュー調査と同様に定性的なデータであるため分析において主観が入りやすい点である。

（2）　測定尺度

　サーベイ法によるデータの収集では，アンケートの項目に基づいて調査票が作成される。その際，測定尺度を決める必要がある。測定尺度とは，対象を測定するために用いられる物差しである。たとえば，A大学への選好を尋ねる場合，好きか嫌いかという2択で聞くこともできるし，「非常に好き」「好き」「嫌い」「非常に嫌い」などの選択肢を使ってどれくらい好きなのかを聞くこともできるし，複数の大学の中で何番目に好きなのかを聞くというやり方もあるだろう。このように，複数の測定尺度の中から課題に則したものを選ぶ必要がある。測定尺度には，名義尺度・序数尺度・間隔尺度・比例尺度の4つがある。

　名義尺度とは，リサーチ対象の質的な違いを表す際に用いられる尺度である。たとえば女性に1，男性に2という数値を付与するといったも

60

のである。この場合，1と2にはお互いが排他的なグループに分類されているという意味が与えられるだけであり，数字としての意味は持たない。したがって，男性は女性の2倍ということにはならない。

　序数尺度とは，リサーチ対象の順序の違いを表す際に用いられる尺度である。たとえば，オリコンのCD売上ランキングのような1位や2位といった値は序数尺度である。序数尺度は，値を与えられた対象間における順序を表しているだけで，それ以上の情報は持たない。オリコンの1位と2位という値は，1位の曲のほうが2位の曲よりもCDがたくさん売れていることを示してはいるが，その差がどれくらいなのかはわからない。

　間隔尺度とは，序数尺度に数値間の間隔が等しいという条件が加えられた尺度である。代表的な間隔尺度は温度である。たとえば，10度と15度における5度の差は，15度と20度における5度の差と物理的に等しい。間隔尺度において注意しなければならないのは，0に数値的な意味がないということである。0度は水が氷へと変化する温度にすぎず，温度がないということを示しているわけではない。

　比例尺度とは，間隔尺度に0の意味を持たせた尺度である。つまり，値が0であれば「ない」ということを意味している。身長測定で用いるセンチメートルや体重測定で用いるキログラムは比例尺度と言えるだろ

表4-1　測定尺度の特徴

	名義尺度	序数尺度	間隔尺度	比例尺度
測定値の異同	○	○	○	○
測定値の大小	×	○	○	○
測定値の差	×	×	○	○
測定値の比	×	×	×	○

出所：芝，南風原（1990）

う。4つの尺度の特徴を比較すると，表4–1のようになる。測定尺度が可能なことについては○で示されており，不可能なことは×で示されている。

4．リサーチ対象者の選定とデータ収集

　リサーチ方法が決まったら，実際にデータを集めるステップへと移行する。このステップで重要なのは，リサーチの対象者を正しく選定することである。たとえば，ランドセルの開発を目的としたマーケティング・リサーチを行う場合，小学生を対象としなければ，適切なデータは収集できない。

　上の例で挙げられている小学生のように，リサーチの対象となる集団全体のことを母集団という。母集団のすべてを対象に調査を実施することを悉皆調査という。たとえば，国勢調査は悉皆調査の1つである。特定の小学校の生徒というように母集団が少数であれば悉皆調査を行うことも可能だが，小学生全体のように多数になると悉皆調査は難しい。その場合は，母集団の一部を標本として抽出したマーケティング・リサーチが行われる。

　標本の抽出において重要なのは，標本が母集団の縮図となっていることである。なぜならば，標本が母集団の特定の層のみから抽出されてしまうと，偏ったものになってしまい，マーケティング・リサーチの結果が信用できなくなってしまうからである。標本を抽出する方法は大きく分けて2つある。1つは無作為抽出法であり，ランダムに標本を抽出する方法である。もう1つは有意抽出法であり，調査者が恣意的に標本を抽出する方法である。代表的な無作為抽出法には単純無作為抽出法，系統的抽出法，層化抽出法，二段階抽出法がある。単純無作為抽出法とは，母集団の中から標本を完全にランダムで抽出するというものである。具

体的には，対象者一人ひとりに番号を割り当て，抽選で選んでいくというものである。また，乱数表を使ってランダムに選ぶことも可能である。たとえば，学生数が1万人の大学において学籍番号を基に1,000人を選び出す抽選を行えば，単純無作為抽出法による1,000人の標本が完成する。

　系統的抽出法とは，母集団の中から一人をランダムに選び出し，そこから一定間隔で標本を抽出するという方法である。たとえば，学生を一人ランダムに選んだ後に学籍番号順に応じて10人間隔で抽出すればよい。層化抽出法とは，母集団をいくつかの層に分けたうえで，層に含まれる標本を無作為に抽出する方法である。たとえば，大学の男女比が6：4だったとすると，その男女比に応じて標本の男女比も6：4となるように無作為に抽出するというものである。二段階抽出法とは，標本が含まれる集団を抽出してから個人の標本を抽出するという二段階で標本を抽出する方法である。たとえば，A大学に200クラスあるとすると，その200クラスから100クラスを無作為に選び，その後各クラスから10人ずつ無作為に選ぶというものである。

　代表的な有意抽出法としては，スノーボール法が挙げられる。スノーボール法とは，一人の標本から次の標本を紹介してもらい，次の標本からその次の標本を紹介してもらうというように，雪だるま式に標本を抽出していく方法である。紹介してもらうのは友人や知人となるため，標本は類似した属性に偏ってしまう可能性が高い。したがって，特定の属性に対してリサーチを行いたい場合には有効だが，幅広い層を対象とする場合には問題がある。

5. データの分析と解釈

　データ分析のステップでは，得られたデータが分析され，調査目的に照らし合わせて解釈されていく。マーケティング・リサーチで得られる

データの種類は，数値に基づく定量データと言語や画像などに基づく定性データに分けられる。

　サーベイ法では主として測定尺度を用いた定量データが収集される。たとえば，間隔尺度を用いてあるブランドに対する選好を1点（まったく好きではない）から5点（非常に好き）で測定するような場合である。定量データの場合，標本に関する統計量を算出して分析するとよい。標本の代表値を表す統計量には，平均値・中央値・最頻値がある。平均値とはデータの合計値を標本数で割った値であり，中央値とはデータを大きさに応じて並べた際に真ん中にくる値であり，最頻値とは最も出現率が高い値を示している。表4-2におけるαジュースの評価の平均値は3.10であり，中央値は3.00であり，最頻値は5.00となる。

　標本のデータのバラツキを表す統計量には分散と標準偏差がある。分散は個々の標本のデータと平均値の差を2乗したものを合計して標本数で除した値であり，標準偏差は分散の平方根である。分散と標準偏差は，データがバラつくほど値が大きくなる。表4-2におけるαジュースの評価の分散は2.29であり，標準偏差は1.51となっており，βジュースの評価の分散は1.49であり，標準偏差は1.22となっている。これらの結果

表4-2　ジュースの評価に関する標本の統計量

αジュースの評価

評価者										
	A	B	C	D	E	F	G	H	J	K
評価	5	4	3	2	1	2	3	5	5	1

平均値=3.10，中央値=3.00，最頻値=5.00，分散=2.29，標準偏差=1.51

βジュースの評価

評価者										
	L	M	N	O	P	R	S	T	U	V
評価	2	4	2	4	2	2	3	2	5	5

平均値=3.10，中央値=2.50，最頻値=2.00，分散=1.49，標準偏差=1.22

から，2つのジュースでは，満足度の平均値は等しいが α ジュースのほうが評価はバラついていることがわかる。これはどのように解釈できるだろうか。α ジュースのほうは評価がバラついているので好き嫌いがはっきりと分かれており，一方で β ジュースは嫌われてはいないが強い選好を得ているわけではないと解釈できる。したがって，1つの意思決定案として α ジュースは顧客をより明確にターゲティングした戦略を考えられるし，β ジュースは顧客を獲得するために味やポジショニングを再考する戦略を考えることができるだろう。

　インタビュー法や観察法で得られるのは，対象者の発言や行動記録などの定性的なデータである。定性的なデータを分析する場合，コーディングという作業が行われる。コーディングとは，発言の意味を解釈し，ラベルを付けることである。たとえば，「α ジュースは甘みが強い」という発言は「味」とコーディングし，「子供のころに α ジュースをよく飲んだ」という発言は「思い出」とコーディングできるだろう。このように，個々の発言や行動をコーディングして名義尺度として数値化し，頻度を算出したり，コード間の結びつきを図示化したりして解釈を行うのである。コーディングの作業で重要なのは，分析者の主観を排除することである。したがって，コーディングの用語集を作って共有したり，複数人でコーディング作業を行って結果の一致度を確認したりして，客観的な理解を促進させる必要がある。

6. レポートの作成

　マーケティング・リサーチの結果を社内で共有し，マーケティング上の意思決定へ役立てるためには，適切な形式で結果をレポートにまとめる必要がある。レポートの内容は，これまで進めてきたマーケティング・リサーチのステップに沿って構成するとよい。したがって，①リ

サーチ目的，②リサーチ方法，③リサーチ対象者とデータ収集，④データの分析と解釈がレポートの骨子となる。それに加えて，リサーチの結果の要約を含めることで内容を簡単に理解したり振り返ったりできるようにし，付属資料として詳細なデータや分析結果を添付することで内容を深く理解できる。

　レポートを作成するうえで重要なことは，完全性，正確性，明確性，簡潔性の４つである。完全性とは，読み手が必要とする情報がレポートに全て含まれているかどうかである。正確性とは，内容が正確に記述されているかどうかである。明確性とはデータの解釈や説明が論理的に展開されているかどうかである。簡潔性とは，不要な情報や冗長な文章になっていないかどうかである。つまり，読み手に対して大きな負担を与えたり，間違った理解をさせたりするようなレポートであってはならないということである。

　リサーチの結果を視覚的にまとめるためには，表や図を使うことが有効である。クロス集計表とは，２つの変数を掛け合わせた表であり，データの傾向をより詳細に検討することが可能となる。表4-3には，クロス集計表の例が示されている。この例では，Ａジュースの選好が性別によって異なることが見えてくるだろう。

　代表的なグラフには，円グラフ，棒グラフ，折れ線グラフ，ヒストグラムなどがある。円グラフは，男女比や年齢構成比のような数値の割合

表4-3　クロス集計表の例

	Aジュースの評価				
	まったく好きではない	あまり好きではない	どちらともいえない	やや好き	非常に好き
男性	1	1	0	5	8
女性	3	4	2	3	3

を示すために用いられる（図4-2）。割合が大きくなるほどその部分が占める面積も大きくなり，100%の場合は円全体を占めることになる。棒グラフは変数の大小や推移を示すために用いられる。たとえば，図4-3の棒グラフでは縦軸にＡジュースに対する選好度が示されており，横軸には性別が示されている。このように棒グラフを使うことで，男女間の選好の違いを視覚的に表現できる。棒グラフでは，横軸に月や年などを用いて時系列的な推移を示すこともできる。また，推移を示すのであれば折れ線グラフも非常に有用である（図4-4）。折れ線グラフでは，一連のデータを線で結ぶため，推移が強調される。頻度を示したい場合は，ヒストグラムが用いられる（図4-5）。棒グラフと類似しているが，ヒストグラムでは縦軸に頻度が示されるという点が異なる。

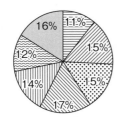

図4-2　円グラフの例

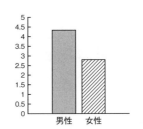

図4-3　棒グラフの例

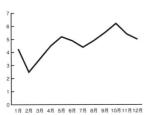

図4-4　折れ線グラフの例

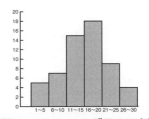

図4-5　ヒストグラムの例

学習課題

1．マーケティング・リサーチの設計を立ててみよう。
2．官公庁や調査会社のホームページを参照し，2次データにはどのようなものがあるのか探してみよう。
3．2で得られた2次データを用いて，さまざまなグラフを作成してみよう。

参考文献

・Iacobucci, Dawn and Gilbert A. Churchill, Jr.（2010），*Marketing Research: Methodological Foundations,* South-Western, Cengage Learning.
・芝祐順，南風原朝和（1990）『行動科学における統計解析法』東京大学出版会
・高田博和，上田隆穂，奥瀬喜之，内田学（2003）『MBA マーケティングリサーチ入門』東洋経済新報社

5 | セグメンテーション，ターゲティング，ポジショニング

井上淳子

《**目標＆ポイント**》 マーケティング戦略を実行する際の土台となるSTP（セグメンテーション，ターゲティング，ポジショニング）について学ぶ。市場細分化の考え方や細分化のための軸，必要条件について理解し，適切なターゲット設定とポジショニングの方法について考える。

《**キーワード**》 セグメンテーション，ターゲティング，ポジショニング，分化型マーケティング，集中型マーケティング

1. マーケティングにおけるSTP

（1） マーケティング戦略の実行プロセスとSTPの位置づけ

マーケティング戦略は，第2章で学んだ「環境分析」に始まり，「STP」「マーケティング・ミックスの決定」「戦略の実行」そして「統制」というプロセスで立案・実行される（図5-1）。

マーケティングを行う前に，企業はまず外部環境と内部環境の包括的な分析をし，市場を見極めなくてはならない。つまり，自社を取り巻く外部環境にどのような機会があり，どこで自社の強みを発揮できるかを

図5-1　マーケティング戦略の立案プロセス

把握する。その後はSTPである。セグメンテーション（segmentation）とは市場をセグメントに分ける，細分化することを意味する。さまざまな軸を用いて市場全体を構成しているニーズの塊を識別し，その特徴を浮き彫りにする作業である。その次に，自社が対応するセグメントを選択・決定する。これはターゲットを定めることを意味し，ターゲティング（targeting）と呼ばれる。ポジショニング（positioning）は，ターゲットとした消費者の頭の中に，どのようなブランドとして位置づけられるかを決定することである。競合ブランドとの相対的な差異を明確にしながら，目指すポジションを設定する。

　STPによって戦略の土台作りが終わると，次は具体的な4Pに取り掛かり，ターゲットのニーズに対応した製品・価格・流通・プロモーションに関する戦略を立案する。第1章で見たようにこの4Pはターゲット消費者の4Cと適合していなければならない。つまり，消費者の問題を解決する製品を提供し，消費者が喜んで負担するコスト＝価格を設定する。また消費者の利便性を実現する流通チャネルを構築し，適切にメッセージが伝わるコミュニケーション手段を採用する。これらの戦略を実行に移した後は，その有効性をチェックしながら，修正や調整を繰り返す。

（2）　多様化するニーズへの対応

　市場が単一の需要で構成されていると，企業はそれに応えるマス・マーケティングを展開できる。多くの市場で，その創成期にはマス・マーケティングが有効に機能していた。たとえば，1908年にアメリカのフォード・モーターから発売されたT型は黒一色，モデルチェンジをしないまま20年以上販売された。単一の製品で市場全体に対応したのである。このT型が登場する以前，車は非常に高額で所有できるのはごく一

部の富裕層だけであった。世界で初めて大量生産方式を採用したＴ型は低価格を実現し，自家用車の普及に大きく貢献した。1920年代にはアメリカで生産される車の２台に１台はＴ型フォードとなるまでに人気を博したという。しかし，その後徐々に消費者の嗜好に変化が現れ始める。他人と同じ画一的な車ではなく，もっと自分に合った車を求めるようになったのである。もはや市場の需要は単一ではなく，多様なニーズで構成されるようになった。この変化を察知していち早く対応したのがゼネラルモーターズ（GM）である。GMは消費者の所得階層に合わせてさまざまな価格帯の車種を取り揃えたり，消費者の飽きを回避するためにモデルチェンジを行った。さらに，割賦販売やディーラー制度なども取り入れ，最終的にはフォード・モーターから多くの顧客を奪うことに成功する。

　上記の例が示すように，市場の創成期は消費者のニーズが一様かつ明解であることが多い。同質の需要が大規模に存在する限りは，製品を大量生産・大量販売するマス・マーケティングが効率的な手法である。しかし，市場の発達とともに消費者の嗜好やニーズが多様化してくると，その効果は薄れる。多様な市場の構成を体系的に把握して，異なるニーズの塊に対応することが求められるのである。

2.　セグメンテーションの考え方

（1）　セグメント・マーケティング

　消費者のニーズが多様化し，１つの市場にさまざまな嗜好が存在するようになると単一の製品で消費者を満足させることはできなくなる。企業はマスへの対応から市場の構成部分への対応に変化を迫られる。マーケティングは対応する対象の規模によって，マス・マーケティング，セグメント・マーケティング，ニッチ・マーケティング，カスタマイズ

ド・マーケティングに分けることができる（図5-2）。セグメント・マーケティングは，市場をニーズ，購買力，行動の観点から類似するいくつかのセグメントに区分し，それぞれのセグメントに向けて異なる製品・サービスで対応するものである。たとえば，「はみがき」の市場を見てみよう。同じ歯を磨くという行為でも，歯に付着したステインを落としたい人，歯周病をケアしたい人，口臭を防ぎたい人，電動歯ブラシを使用する人など，目的ややり方が異なるので，メーカーはそれぞれに合わせた製品で対応している。

　ニッチ・マーケティングは，ニッチな市場に対応するマーケティングである。ニッチ（niche）は市場規模こそ小さいものの明確なサブ・ニーズを有している。左利きの人向けに文房具やキッチン用品を取り揃える小売店 Lefty's San Francisco や，ゲーム専用の PC 周辺機器（マウスやキーボードなど）を製造する Razer などは，ニッチ・マーケティングの担い手と言える。ニッチ・マーケティングはセグメント・マーケティングよりも狭い分，突出した顧客ニーズに対応しているため，

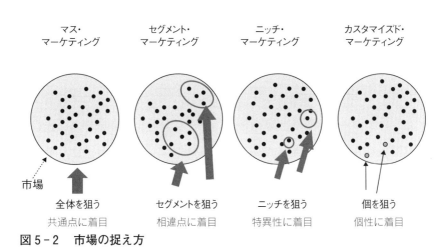

図5-2　**市場の捉え方**

　顧客からの強い支持を得ることができる。また価格面で有利な設定をすることもできる。

　そして，最もミクロな対応がカスタマイズド・マーケティングである。個の単位で顧客を捉えるマーケティングで，生産技術や情報技術が進歩したことにより実現可能となった。カスタマイズド・マーケティングの1つであるマス・カスタマイゼーションは，マスの効率を活かしながら，個別ニーズに対応した製品やサービスを提供する。たとえば，ナイキのNIKE By Youでは自分だけのシューズを作ることができる。ベースやソールの色をはじめ，自分のイニシャルや好きな番号を入れれば，他にないオリジナルのシューズを手に入れられる。

（2）　セグメンテーションの変数

　市場や消費者を共通のニーズを持つセグメントとして抽出するためには，いくつかの分類基準が必要になる。以下では，セグメンテーションの基準として用いられる代表的な変数を紹介する（表5-1）。

　地理的変数は，消費者が居住する地理的場所や気候・人口密度・都市規模・文化などを含んでいる。たとえば，沖縄で生活する人と北海道で生活する人では，地理的な要因により服装や住宅に求めるものが異なるはずであり，衣料品メーカーや住宅メーカーはニーズの差異に対応する必要がある。また，関東地方と関西地方では，文化的に異なる側面があるとしばしば指摘される。そばやうどんの味付けに対する好みの違いはよく知られており，関東では濃い味が，関西では薄味が好まれる傾向にある。こうした消費者ニーズの違いを受け，カップ麺を製造するメーカーの中には，関東用と関西用でつゆの味付けを変えているところもある。

　デモグラフィック変数は人口統計的変数とも呼ばれ，年齢・性別・所

表5-1　主要なセグメンテーションの変数

	主要なセグメンテーションの変数
地理的変数	世界における地域，国内における地域，地方，都市の人口規模，人口密度，都市環境など
デモグラフィック変数	年齢，性別，宗教，世帯規模，ファミリー・ライフサイクル，世帯所得，職業，教育など
サイコグラフィック変数	社会層，ライフスタイル，パーソナリティ，価値観など
行動上の変数	使用場面，購買状況，求めるベネフィット，利用経験，使用頻度，ロイヤルティの状態，購買準備段階など

出所：コトラー・アームストロング・恩藏（2014），p.89を一部修正

得・職業・学歴などを含む。たとえば，化粧品は年齢によって消費者ニーズが変化する。スキンケア製品は，子供に使用するものであれば肌に優しい自然由来成分のもの，肌トラブルに悩まされる思春期ではオイルカットや低刺激のもの，さらに年齢が進めば，肌の張りや潤いなどを補うような成分や機能性を備えたものが求められるだろう。また，旅行サービスや金融商品などは所得や学歴が重要なセグメンテーションの軸として用いられる。

　サイコグラフィック変数は心理的変数とも呼ばれ，ライフスタイルやパーソナリティ，価値観などを含む。年齢・性別のようなデモグラフィックの観点で見れば同一のセグメントとして括られる消費者も，現実には異なる嗜好やニーズを持っている。消費者ニーズをデモグラフィック変数だけで捉えるには限界があるため，個人のパーソナリティや価値観，またそれに基づいて形成されるライフスタイルに注目して消費者を分類しようという試みが進められてきた。たとえば，LOHAS（Lifestyles of Health and Sustainability）は，健康や環境問題などに

74

敏感な人々の1つのライフスタイルとして捉えられており，食品や衣料品，レジャーなどの分野で有効なセグメンテーション軸となっている。

　行動上の変数は，文字通り消費者の行動に注目して，セグメンテーションを行おうという考え方である。たとえば，朝専用の缶コーヒーは，朝，仕事の前にコーヒーを飲んでシャキッとしようとする消費者の行動に着目して生まれた製品である。そのほか，ヘビーユーザーやライトユーザーのように，製品やサービスの使用頻度で消費者を分類することもある。

（3）　効果的なセグメンテーションの要件
　上述したようなセグメンテーション変数を用いて市場を細分化したとしても，すべてが効果的であるとは限らない。企業は多様な軸を用いるあまり，意味のないレベルにまで市場を切り刻んでしまうかもしれない。効果的なセグメンテーションを実行するためには，次の5つの要件が満たされている必要がある。
①測定可能：セグメントの規模，購買力，特性が測定できる。市場規模がわからなければ，そのセグメントにアプローチすべきかどうか判断することができない。
②利益確保可能：セグメントが製品・サービスを提供するのに十分な規模と収益性を有している。市場規模があまりに小さければ，アプローチしても利益を得ることができない。
③到達可能：セグメントにアクセスできる。有効な販売チャネルやコミュニケーションチャネルがなければそのセグメントに働きかけることができない。
④差別化可能：セグメントが明確に識別でき，マーケティング・ミックスに対して異なった反応を示す。異なるセグメントがある提供物に全く

同じ反応を示すのであれば，区別する必要がない。

⑤実行可能：セグメントにアプローチできるだけの経営資源を自社が保有し，効果的な戦略を実行できる。魅力的なセグメントであっても，企業側にアプローチする能力がなければマーケティングは実現しない。

3.　ターゲティングの考え方

（1）　ターゲット市場の魅力度

　セグメンテーションの次は，実際にどのセグメントを標的市場とするか，つまりターゲットを設定しなければならない。識別された複数のセグメントを評価し，自社が誰のための製品・サービスを作るのかを決定する。この評価においては，2つの要素を考慮しなければならない。1つは，「セグメントの全体的魅力」，もう1つは「企業の目的と資源」である。セグメントの魅力度を測るためにはセグメントの規模や収益性，便益の受容性，セグメント内の競争状態を精査する必要がある。セグメントの市場規模や収益性に関しては，ターゲットと定めたセグメントが十分に大きく，企業の存続を可能にするだけの売上規模を持っているか確認しなければならない。また，当然のことながら，製品・サービスを通じて提供される便益が，確実にターゲットの求めるニーズを満たせるという便益の受容性を担保する必要がある。競合性については自社がターゲットに定めようとするセグメントがすでに競合他社の主要なターゲットになっていないかを確認する。当該セグメントをめぐってすでに複数の企業が熾烈な戦いを繰り広げている状況であれば，そこに後から加わる魅力は乏しい。また，すでに競合他社に対して顧客が強いロイヤルティを抱いている場合には，それを覆してブランド・スイッチを獲得するのは至難の業である。

（2） 経営資源とターゲティングのパターン

　ターゲティングの意思決定は，セグメントの魅力度を評価するだけでは行えない。なぜなら，どの市場セグメントをターゲットとするかは，企業の目的と企業が保有する資源に深く関連しているからである。たとえ魅力的なセグメントであっても企業の長期的な目的と合致しないという理由で断念されることもある。標的市場の選択は経営資源の配分の観点から，①集中型，②分化型，②フルカバレッジ型の３つのパターンに分けられる（図5-3）。

【集中型】　集中型は，１つもしくは少数のセグメントに注目して，その市場セグメントに自社の経営資源を集中させるという考え方である。多くの消費者に対応することはできないが，限られた市場で効率の良いマーケティングを展開できる。スズキ（株）は軽自動車の製造販売に特化した集中型マーケティングを展開していると言えるだろう。特定セグメントに集中することで，彼らの嗜好や特性を十分に理解し，対応力を

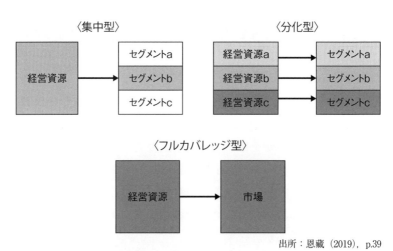

出所：恩藏（2019），p.39

図5-3　経営資源の配分とターゲティング

研ぎ澄ますことができる。経営資源の限られている企業により適した
マーケティングである。ただし，小さなセグメントに過度に集中してし
まうと，その市場が不振に陥った場合に企業も衰退してしまうリスクが
ある。そのため多くの企業はリスク分散のために，完全に1つではなく
複数のセグメントで事業を展開をしている。

【分化型】　分化型は，複数の市場セグメントを対象に異なる製品やサー
ビスを提供していく考え方である。つまり，経営資源はその規模や重要
性などに従って，複数のセグメントに振り分けられる。この分化型はさ
らに掘り下げていくと，製品専門化，市場専門化，選択的専門化という
オプションが考えられる。製品専門化は，複数のセグメントを対象にす
るが，作る製品は一本化するという意思決定である。この戦略が成功す
れば，企業は特定の製品についてセグメント横断的に高い評価を得るこ
とができる。市場専門化は，特定セグメント（顧客グループ）に集中す
るが，その中で生じる複数のニーズに異なる製品・サービスで対応する。
そして選択的専門化は，魅力的かつ適切な多数のセグメントを対象とし
て選択する。市場専門化や製品専門化の場合，選択したセグメントに共
通性がないとシナジーを得ることは困難だが，魅力的なセグメントに分
散投資をすることで高い成果を得たり，リスクを低減させられるという
メリットがある。

【フルカバレッジ型】　市場のフルカバレッジには無差別型と差別化型が
ある。無差別型は市場セグメント間の違いではなく，共通性に着目をし
て市場全体に同一の製品・サービスを提供する手法である。最大多数の
消費者が有する基本的ニーズを満たす製品・サービスとマス広告，マス
流通によって効率性を追求する。規模の経済性を享受することでコスト
を抑え，低価格での販売を実現する。一方，差別化型は，複数のセグメ
ントを対象にそれぞれ異なったマーケティングを展開する手法である。

ヒト・モノ・カネ・情報の経営資源が豊富な企業はあらゆるセグメント
に対して，別個の製品・サービスを提供するフルライン戦略をとってい
る。たとえば，トヨタ自動車（株）はその好例で，顧客のライフスタイ
ルや所得，目的等を考慮してして豊富な車種を取り揃えている。フルカ
バレッジで差別化型マーケティングを実施するためには，個別のマーケ
ティング計画を立案し展開することになるので，効率性を追求すること
は難しい。しかし，顧客のニーズに的確に応えることによって各セグメ
ントから支持が得られるという意味で高い効果が期待できる。

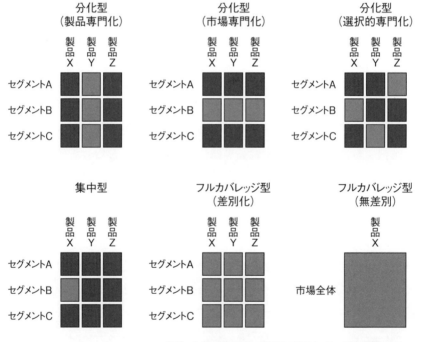

（注）企業が色の淡い部分に対応していると仮定する。

出所：Abell（1980），pp.192-196を基に作成

図5-4　セグメントの選択パターン

4.　ポジショニングの考え方

（1）　ポジショニングの切り口

　ポジショニングとは，消費者の頭の中で自社の製品・サービスがどのように位置づけられるかに関わる課題である。つまり，自社ブランドについてどのように思われたいか，どのようなポジションを取りたいか，その理想を設定するのがポジショニングである。消費者はさまざまなブランドに触れ，知識を蓄積していく。その中で各ブランドの相対的な意味やイメージ，ブランド同士の距離感などによってポジションが定まっていくのである。したがって，ポジショニングは製品に対して行われる方策というよりも，競合ブランドを意識しながら，顧客のマインドに対して働きかける方策だと捉えるべきである。

　ポジショニングは企業が顧客に対して一貫性のある働きかけをするための指針を与える。顧客は頭の中に各ブランドを位置づけるが，一貫したイメージの形成につながる適切な働きかけがなければ，同じブランドであってもそのポジションは顧客ごとにバラバラとなる。そうなると，ブランドは独自の特徴を有することができず，アイデンティティを失ってしまう。自社ブランドの独自性を際立たせ，大きな成果を得るためには適切な切り口によるポジショニングが必要となる。ポジショニングの切り口としては，次の6つの観点が活用できる。

①製品属性によるポジショニング：価格の低さや使用している素材の希少性といった製品属性を活用する。

②サービスによるポジショニング：来店前にネットで注文しておける，注文の翌日には商品が自宅に届くなど製品の有形部分以外を活用する。

③使用機会によるポジショニング：急いでいるとき，小腹が空いているときなど，顧客が製品を使用する場面を活用する。

④ユーザーによるポジショニング：スポーツ選手や美のカリスマなど
　ターゲット顧客にとって理想的あるいは代表的なユーザー・イメージ
　を活用する。
⑤競合関係によるポジショニング：明確な競合との対立構造を打ち出し
　たり，距離を示したりして，競合製品と自社製品の関係性を活用する。
⑥製品カテゴリーによるポジショニング：自社製品が含まれる製品カテ
　ゴリー，サブカテゴリーを活用する。例えばマーガリンをバターと比
　較したり，ハイブリッド車をガソリン車と比較することによってヘル
　シーやエコというポジションが強調できる。

（2）　有効なポジショニングの要件

　ポジショニングの切り口は，次の３つの要件を満たしている必要があ
る。１つ目は「重要性」である。その切り口について多くの消費者が重
要であると認識していなければならない。たとえば頭痛薬の場合，即効
性は重要な要素であるが，薬の色を重要と考える消費者はいないだろう。
２つ目は「独自性」である。市場内の他ブランドによってすでに使用さ
れている切り口は差別性を打ち出すことができないので，有効性が低い。
他社ブランドによってすでに即効性が訴求されているならば，自社ブラ
ンドは「眠くなりにくい」ことを新たな軸にユニークさを追求するほう
が賢明だろう。３つ目は「優越性」である。独自性を追求しても，競合
他社が類似したポジショニングで参入してきたり，自社が競合ブランド
と類似した切り口でポジショニングする可能性はある。したがって，自
社ブランドのポジショニングは競合ブランドと比べて常に優位であるこ
とが望ましい。

　STPはマーケティング・ミックスの決定前に実行する課題であるた
め，一般には，ポジショニングも製品が設計される前に決めておかなく

てはならない。製品の完成後にポジショニングを確定しようとすると，すでに多くの自由が奪われていて，望ましい結果に結びつきにくいからである。しかし，あらかじめ定めたポジショニングを戦略的に変えるという意思決定もある。「リポジショニング」と呼ばれ，ブランドの再活性化や低迷しているブランドの巻き返しを図ってとられることが多い（第 8 章「ブランド・マネジメント」参照）。

（ 3 ）　知覚マップ

　ポジショニングに限らず，差別化や持続的競争優位など，マーケティングでは「違い」を訴えることの重要性が強調される。広告プロモーションの領域でも，競合ブランドではなく自社のブランドを購買する確たる理由を消費者に与えるべく，ブランドのどの側面を際立たせるかが検討される。企業のそうした働きかけを消費者がどう受け止めているのか，消費者の認識や反応を知るための手掛かりとなるのが，知覚マップ（ポジショニング・マップ）である。これはターゲット顧客の頭の中で，それぞれのブランドがどのように位置づけられているかを視覚化したもので，通常 2 次元上に各ブランドがプロットされる。

　たとえば，シリアル市場の既存ブランドA，B，C，Dが消費者の頭の中でどのようにポジショニングされているか探るために，消費者に各ブランドのイメージ調査を実施したとしよう。その結果，「ヘルシーさ」と「美味しさ」いう 2 軸が抽出され，図 5 - 5 のような知覚マップが描かれた。既存ブランドの中で第一象限，つまり健康的でありながら，味も良いというイメージを持たれているものは自社ブランド以外存在していないことがわかる。つまり，この調査時点では，他ブランドと明確に差別化されたポジションを構築できているということである。

　知覚マップはターゲットを定めるときにも有効な指針を与えてくれる。

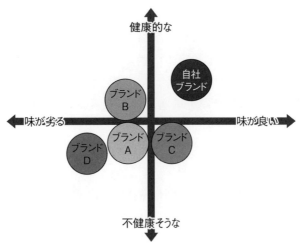

図5-5 知覚マップの例

既存ブランドが消費者の中でどのようにポジショニングされているかわかると，自社が狙い得る空白地帯が見えてくる。当然，その空白のポジションに消費者のニーズが存在しなければ有望な市場とはならないが，知覚マップからそのニーズをもつターゲットを探し出すことも可能である。

学習課題

1. 特定の製品・サービスの市場（たとえば，洗濯用洗剤やカフェ）を取り上げて，それらがどのような軸でセグメンテーションされているかを考えてみよう。
2. 最近ヒットした製品を1つ取り上げて，市場内における競合ブランドとのポジショニングの違いを明らかにしてみよう。

参考文献

・フィリップ・コトラー（2014）『コトラーのマーケティング・マネジメント 基本編〈第3版〉』ピアソン・エデュケーション
・恩藏直人（2019）『マーケティング〈第2版〉』日本経済新聞出版社

6 | 製品戦略

石田大典

《**目標＆ポイント**》 企業が売上や利益を高めていくためには，顧客ニーズを
より高い水準で満たすことに加え，新たなニーズを開拓していかなければな
らない。そのためには，既存の製品に改良を加えたり，新製品を開発したり
することが重要となる。本章では，それらの製品戦略について，マーケティ
ングにおける製品の捉え方や製品のマネジメント，そして新製品開発のプロ
セスなどの観点から説明していく。
《**キーワード**》 便益の束，製品ミックス，製品ライン，ステージ・ゲート・
プロセス，製品ライフサイクル

1. 製品とは

　製品という言葉を聞くと，読者の多くはテレビやパソコンなど工場で
製造された有形の品を思い浮かべるのではないだろうか。確かに，製品
の辞書的な意味はその通りである。しかしながら，マーケティングでは
製品を「便益の束」と定義する。なぜわざわざこのような定義をするの
だろうか。それにはいくつかの利点があるからである。

　製品を便益として定義することによって，顧客ニーズを出発点として
事業を考えられるようになり，結果としてマーケティング・マイオピア
に陥るのを避けられる。加えて，有形のモノではなく便益と定義するこ
とによって，無形の要素，すなわちサービスにも目を向けられるように
なり，視野が広がる。製品を差別化するために重要な要素は，品質や機
能だけではなく，製品に関連するサービスも含まれるのである。たとえ

ば，メガネの製造販売を行う OWNDAYS 株式会社は，購入後 1 か月以内であればいかなる理由でも返品を受け付けたり，購入後 1 年間は 2 回までレンズ交換を無料で行ったりするなどのサービスを提供している。

　また，便益の束という定義で重要なのは，製品が顧客に対して提供する便益は 1 つとは限らないということである。1 つの製品でより多くの便益を提供して幅広いニーズへ対応するべきか，それとも便益の数を絞り込むことによってコストを下げて低価格を実現するべきか，これらは製品戦略において企業が直面する意思決定の課題である。

　製品には様々な分類方法がある。第一に，消費の主体から分類する方法である。消費者が自らの使用のために購入する製品を消費財と言い，消費財はさらに長期間の使用に耐えうる耐久消費財と 1 回から数回の使用でなくなる非耐久消費財とに分類される。一方，企業や官公庁などの組織が製品やサービスを生み出したり，業務を遂行したりするために消費する製品を産業財という。

　第二に，消費者評価という観点から製品を分類することもできる。パソコンのように，使用しなくとも CPU やハードディスクのスペックで品質を評価できるような製品を探索財という。靴のように実際に使用して初めて評価することができる製品を経験財という。健康食品のように，使用してもなお確たる評価をすることが難しいような製品を信頼財という。

　第三に，消費者の購買行動から製品を分類する考え方もある。具体的には，消費者がどれほど購買に努力を払うかということである。小売店の視点からみると，商圏の広さということになる。最寄品は，日用品のように消費者の購買頻度が高く，最小限の努力しか払われない製品である。買回品は，洋服のように複数の製品や店舗を比較するなど消費者が購買においてある程度の努力を払う製品である。購買に際して，消費者

が多くの情報を収集し，検討に長い時間をかける製品を専門品という。買回品とは異なり，複数の店舗を回るのではなく，特定の店舗まで出向いて指名購買される。専門品の例としては装飾品や自動車などが挙げられる。

2. 製品ミックス

　単一の製品を展開する企業にとって製品戦略の意思決定は，既存製品の新モデルの開発，価格の調整，流通チャネルの検討，コミュニケーション施策の策定などの4Pが中心となる。一方，複数の製品を展開する企業は単一の製品の戦略だけでなく，製品ミックスを考慮した全体的な視点で製品を管理し，戦略を構築することが求められる。製品ミックスとは，企業が提供するすべての製品の集合である（図6-1）。

　製品ミックスのマネジメントには，「幅」「整合性」「長さ」「深さ」という4つの視点がある。製品ミックスの「幅」とは，企業が有する製品ラインの数を表している。製品ラインとは，機能・顧客層・チャネル・

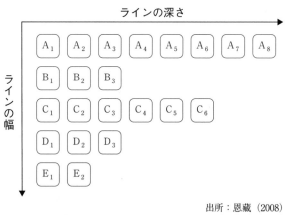

出所：恩藏（2008）

図6-1　製品ミックス

価格帯に関して類似性を有する製品の集合である。日用品メーカーであれば洗剤やシャンプーなどがあり，飲料品メーカーであればジュースやビールが製品ラインということになる。製品ミックスの「幅」に関する意思決定は，製品ラインの廃止と追加ということになる。製品ミックスの「整合性」とは製品ライン間にどれほど密接な関わり合いがあるかどうかを表している。整合性が高いほど技術や顧客ニーズという点で関わり合いが高くなるので，範囲の経済が働くことになる。

　製品ミックスの「長さ」とは製品ミックス全体における製品数を表している。製品ミックスが長くなるほど，企業の経営資源は分散されてしまうため，最適な長さに管理しなければならない。「深さ」とは製品ライン内における製品の数である。製品ライン内において製品を増やす場合，その方向性は，①既存の価格帯，②高価格帯，③低価格帯の３つに分けられる。深さが増すほど，製品数が多くなるため，規模の経済性のメリットを享受しやすくなる。一方で，個別の製品間の違いが小さくなり，製品間で顧客を奪い合ってしまうカニバリゼーションが起こるリスクも高くなる。

3.　新製品の開発

　企業が売上を拡大し，成長していくためには新製品を開発して市場へ導入していくことが欠かせない。したがって，新製品の開発は企業にとっても最も重要な活動の１つである。たとえば，アイリスオーヤマ株式会社は３年以内に発売された新製品で売上の50%以上を達成するという目標を掲げている。製品ミックスの観点では，新製品開発は新しい製品ラインの追加と製品ライン内における新しい製品の追加ということになる。しかしながら，忘れてはならないのは追加される製品ラインや個別の製品が顧客にとって新しいかどうかという視点である。

　したがって，新製品とは企業にとっての新しさと，市場にとっての新しさという２つの軸で定義されることになる。具体的には，新製品は，①世の中にとっての新しい製品，②新しい製品ライン，③既存製品ラインへの追加，④既存製品の改良・修正，⑤リポジショニング，⑥コスト削減，という６つのタイプに分類される（図６-２）。これまでにない新製品とは，今まで存在しなかった類の製品であり，新市場を創造するものである。新製品ラインは自社にとっては新しいが市場にとっては新しくない新製品を指している。市場にとって新しくないというのは，すでに存在している製品カテゴリーであることを意味している。既存製品ラインへの追加は，製品ラインの深さを伸張させる製品である。既存製品の改良は，すでに企業が有している製品をアップデートさせた製品である。電気メーカーの多くは数か月ごとに新モデルを導入するが，それは既存製品の改良の例である。リポジショニングとは，既存製品の便益を見直して新たな市場をターゲットとすることである。たとえば，第一三

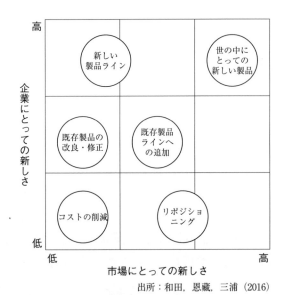

出所：和田，恩藏，三浦（2016）

図6-2　新製品の類型

共ヘルスケア株式会社は，化膿止めというポジショニングで販売していた軟膏を体のニキビケアへとリポジショニングした。コスト削減とは，原材料や製造方法を変更して，同程度の機能を持たせた新製品である。設計や生産工程は新しいがマーケティングにおける新しさはない。

4. 新製品開発プロセス

　新製品開発は企業にとって重要である一方で，リスクも高い。なぜならば，開発には多大なコストが掛かるもののヒットするかどうかを予測するのは難しいからである。新製品開発におけるリスクをコントロールする手法の1つとしてステージ・ゲート・プロセスと呼ばれる仕組みがある。

　新製品開発には，大きく分けて，①アイデア創造，②アイデア・スクリーニング，③コンセプト開発とテスト，④マーケティング戦略の構築，⑤事業分析，⑥プロトタイプ開発，⑦市場テスト，⑧市場導入という8つのプロセスがある（図6-3）。ステージ・ゲート・プロセスは，各プロセスの間にゲートがあり，次のプロセスへと進むためにはゲート・キーパー（門番）となるマネジャーたちの承認を得なければならないという仕組みである。したがって，承認が得られない場合は，棄却されて不採択となることもあるし，保留や返戻ということもある。ステージ・ゲート・プロセスの主たる目的は，開発におけるリスクの低減である。やみくもにプロセスを進めるのではなく途中でしっかりと開発プロジェクトを評価することで，新製品のヒット率を高めることができる。加えて，評価が高く有望なプロジェクトに対しては，より多くの資金や人員を投入するという意思決定も可能となる。

　アイデア創造は新製品開発の出発点となるもので，より多くのアイデアを生み出すことが肝要となる。なぜならば，アイデアを出す経験を積

90

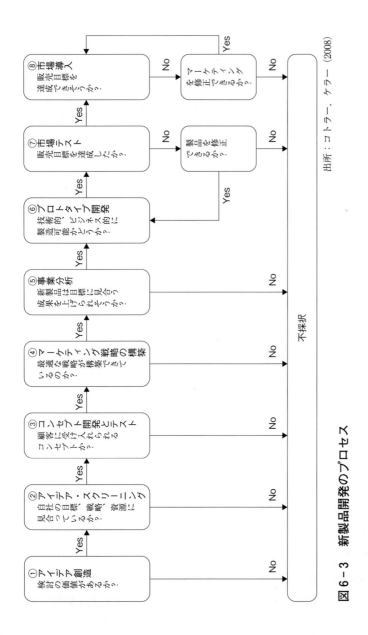

図6-3 新製品開発のプロセス

出所：コトラー，ケラー（2008）

むことでより優れたアイデアを思いついたり，複数のアイデアを組み合わせることでより優れたアイデアへと転化できたりするからである。アイデアを生み出すための情報源は社内と社外の２つに大別できる。社内の情報源には蓄積された技術や顧客の意見などがある。社外の情報源には，雑誌やテレビ，業界紙，他社製品，そして取引企業などさまざまなものがある。

　アイデア創造の次のプロセスは，アイデア・スクリーニングである。この段階では，多くのアイデアから実際に開発へと進められるものが取捨選択される。スクリーニングにおいて重要なのは，当然ながら良いアイデアを採用し，悪いアイデアを破棄することである。しかしながら，スクリーニングは非常に難しい作業である。なぜならば，悪いアイデアを採用しないように厳正に評価するほど良いアイデアを破棄してしまう確率が高まってしまうからである。一方で，良いアイデアを破棄しないようにより多くのアイデアを採用しようとすると，失敗の確率が高まってしまうという問題もある。

　スクリーニングの結果，価値があると判断されたアイデアは，コンセプトを開発する段階へと進められる。製品コンセプトとは顧客の視点から製品アイデアを具体的な言葉で表現したものである。製品コンセプトには，(1)誰が，(2)何のために，(3)どのような場面でその製品を使用するのかということが明示されていなければならない。開発されたコンセプトを顧客に提示し，彼らの反応を測定することでテストが行われる。その際，コンセプトを伝えるために簡単なプロトタイプや機能を伝える映像などが提示されることもある。コンセプト・テストを通じて，コンセプトはわかりやすいか，顧客ニーズは本当にあるのか，提供するベネフィットの価値を認めてもらえたか，などが検討される。

　製品コンセプトが決定したら，次はマーケティング戦略の計画が練ら

れることになる。具体的には，価格はいくらにするのか，どのような
チャネルを活用するのか，プロモーションはどうするべきか，といった
事柄が検討されていく。また，次の段階では事業分析が行われる。この
プロセスでは売上や利益などの目標が設定され，目標達成までの計画が
立案されることになる。加えて，市場規模や競合に関する分析も行われ，
計画の実現性が検討される。

　事業分析のプロセスを通過したら，プロトタイプの開発が行われる。
ここで作られるプロトタイプは，コンセプト・テストで用いるような簡
便なものではなく，最終的な製品に限りなく近いプロトタイプである。
プロトタイプの作成において重要なことは製品コンセプトと適合した機
能や属性を製品化することである。プロトタイプが完成したら，実際の
市場でテストをする前に自社内や一部の顧客を対象としたテストが行わ
れる。ソフトウェアの開発では，社内のテストはαテスト，顧客を対象
としたテストはβテストと呼ばれる。

　プロトタイプの開発が終了し，最終的な製品が完成したら，一部の地
域やチャネルを対象とした試験的な販売が行われる。この市場テストに
おいて十分な売上や顧客からの好意的な反応があれば，全国的な市場へ
の導入ということになる。また，顧客の反応を見ながら製品を再調整し
たりマーケティング戦略を見直したりもされる。市場テストは必ずしも
すべて企業が行うわけではなく，省略されることもある。

　製品開発プロセスにおける最後は，言うまでもなく市場導入である。
市場導入において重要なのは，発売のタイミングである。ここでの意思
決定としては，競合よりも早く発売するのか，同時期に発売するのか，
遅れて発売するのか，という３つの中から検討される。競合よりも早く
発売することのメリットは先発優位性を獲得できる点である。同時期に
発売するメリットは，消費者からの注目が高まりやすい点が挙げられる。
遅れて発売することのメリットは，製品の成否を予測しやすくなるので
リスクが低下する点が挙げられる。

5. 製品ライフサイクル

　製品ライフサイクルとは，新製品が市場に導入されてからその姿を消すまでのプロセスを人の一生になぞらえた考え方である（図 6 - 4）。製品ライフサイクルが進展するにつれてミクロ環境は変化する。したがって，製品戦略において製品ライフサイクルは有用な示唆を与えてくれる。製品ライフサイクルには，導入期・成長期・成熟期・衰退期という 4 つの段階がある。また，製品ライフサイクルには，デジタルカメラといったような製品カテゴリーのレベルや，ブランドのレベル，さらには個別の製品のレベルがある。

　導入期は，新製品が発売されてまだ間もない段階である。顧客の多くは新製品の存在を知らず，また提供される価値についてほとんど理解していない。そのため，新製品の売上は急増とはいかず緩やかな増加曲線を描く。一方，利益に関してはマイナスから始まり，導入期の間はほとんどマイナスのままである。その理由として，新製品の開発にはコストがかかっているためである。市場は確立されておらず，競合他社も少な

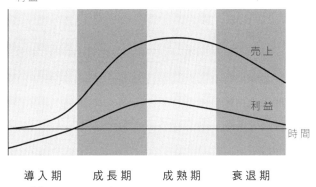

図 6 - 4　**製品ライフサイクル**

いため，戦略の基本方針は新製品の認知度を高めてニーズを喚起することになる。具体的には，広告やSNSを通じて認知度を獲得したり，営業活動を通じてチャネルを開拓したりしていくことなどが挙げられる。

成長期は，新製品が市場へ急速に普及していく段階である。新規の需要が生まれるため，売上や利益は大きく上昇し，市場が拡大していく。そのため，新規に参入してくる企業も多くなる。成長期における戦略の基本方針は，市場シェアの獲得であり，新規需要の取り込みである。その理由は，次の段階である成熟期において有利に競争を展開するためである。広告を通じて競合他社よりも望ましいブランド・イメージを形成し，積極的にチャネルを拡大して顧客接点を増加させていくことが重要である。

成熟期は，新製品が市場に幅広く普及した段階である。新規需要はほとんどなく，買替需要が中心となる。企業間で顧客を奪い合うことになるため，競争が激しくなる傾向にある。したがって，市場の売上は横ばいだが利益は成長期の後半から成熟期の前半にピークを迎えて徐々に減少していく。成熟期における戦略の基本方針は，企業が置かれている競争地位によって異なる。というのも，成熟期においては企業の競争地位が明確になるからである。成長期において最も大きなシェアを獲得できた企業は，リーダー企業として戦略を展開することになる。

衰退期は，製品への需要が低減し，市場が小さくなる段階である。したがって，衰退期では売上と利益はともに減少していく。衰退期へと移行する主な原因は，画期的な技術が開発されたり，消費者の嗜好が変化したりすることである。衰退期の基本戦略は撤退と維持のどちらかである。当該製品の事業を売却して市場から撤退することで，将来の赤字のリスクを避けられる。一方，衰退期の市場に残り続けるという戦略もある。競合他社の撤退によって市場の競争は激しくなくなることに加え，

衰退市場の顧客は一般的にロイヤルティが高い。したがって，事業を維持し続けることで売上は小さくとも高い利益率を実現できる可能性がある。

学習課題

(1)　1つの業界から2つの企業を取り上げ，製品ミックスを比較してみよう。

(2)　特定の製品を1つ取り上げ，そのコンセプトを調べてみよう。また，そのコンセプトが消費者に伝わっているか評価してみよう。

(3)　製品ライフサイクルの各段階にあてはまる製品やサービスを探してその戦略を考えてみよう。

参考文献

・恩藏直人（2008）『マーケティング論』放送大学教育振興会
・フィリップ・コトラー，ケビン・ケラー（2008）『コトラー＆ケラーのマーケティング・マネジメント』ピアソン・エデュケーション
・ロバート・クーパー（2012）『ステージゲート法』英治出版
・和田充夫・恩藏直人・三浦俊彦（2016）『マーケティング戦略〈第5版〉』有斐閣

7 | サービス・マーケティング

石田大典

《目標＆ポイント》 読者の多くはテキストという製品を所有するだけでなく，テレビやインターネットを通じて，講義という教育サービスを受けているだろう。それ以外にも，美容院で髪を切ったり，レストランで食事をしたりするなど，私たちは日常的にさまざまなサービスを消費している。経済においてもサービス業の重要性はますます高まっており，日本の GDP の約７割を占めるほどとなっている。サービスと製品は類似した点も多いが，いくつかの重要な点において異なる特徴を有している。そこで本章では，製品とサービスにはどのような違いがあるのか，そしてサービスのマーケティングにはどのような考え方があるのかについて説明していく。

《キーワード》 Servqual，サービス・トライアングル，サービス・プロフィット・チェーン，サービスの７P，リカバリー・パラドクス

1. サービスとは

　サービスとは，顧客のニーズを満たすために金銭の対価として提供される行為や無形の提供物である。たとえば，飲食業は料理を作るという行為であり，美容院は髪の毛をカットするという行為である。また，保険はリスクへの備えを提供し，アミューズメントは娯楽を提供している。このように，サービスにはさまざまなものがあり，サービス業といった場合に幅広い企業が含まれることになる。

　サービス業は日本経済における重要な産業となっている。国民経済計算年次推計によると，平成29年度の GDP（国内総生産）における第三

次産業（流通業や不動産業も含めた広義のサービス産業）の占める割合は72.1％に上っている。この傾向は，アメリカやイギリスなどの先進国においても同様である。また，製造業においてもサービスは重要な事業に位置づけられるようになっている。たとえば，一部の自動車メーカーは定額を支払うことで自社の自動車を利用できるサービスを提供している。また，電機メーカーの中には，アプリケーションの利用サービスを提供する企業もある。

　便益の束という製品の定義にはサービスも含まれるが，製品とサービスにはいくつかの大きな違いがある。そのため，サービスのマーケティングを展開するうえでは，製品のマーケティングとは異なる考え方が必要となる。そこで本章では，サービスを事業とする場合におけるマーケティングの理論や枠組みについて説明していく。

2．サービスの特性

　サービスのマーケティング戦略を考えるうえでは，製品との違いを理解することが重要である。製品とは異なり，サービスには無形性・変動性・不可分性・消滅性という4つの特性がある。

　第一の特性は無形性である。アパレルやパソコンのような製品とは異なり，消費者が購買するサービスには具体的なモノとしての姿はない。たとえば，私たちはテーマパークへ行って遊んだり，美容室で髪を切ってもらったりしているが，それらのサービス自体には形はなく，見ることも触ることもできない。そのため，サービスは購買前に評価をするのが難しく，経験財や信頼財としての色彩が強い。サービス企業にとって，消費者の知覚リスクを下げることが非常に重要となる。たとえば，無料試用の提供によって消費者は事前にサービスを経験できるし，品質保証の提供によってサービスが期待通りでなかった場合に消費者は返金を受

けられる。また，プロモーションにおいては，サービスを可視化させることがカギとなる。具体的には，設備や従業員などサービスにおける有形の要素を強調したり，外部機関の認証やブランドを用いて信頼を提供したりすることが挙げられる。

　第二に，工場で生産される製品とは異なり，サービスは人が提供するものであるため，品質を一貫させるのは難しい。この特性を変動性という。サービスを提供する人によっても品質は異なるし，同じ人でもいつ，どこで，誰に対してサービスを行うのかによっても品質は変化する可能性がある。品質を一貫させるための施策には，以下のようなものがある。1つ目の施策は従業員の能力とモチベーションを向上させることである。2つ目の施策はサービスを標準化させることである。具体的には，マニュアル化を進めて誰もが同じサービスを提供できるような仕組みを作るというものである。3つ目はサービスに対する顧客満足を測定するということである。顧客のチェックを基に定期的にサービスの品質を見直すとよい。

　第三の特性は不可分性である。不可分性とは，サービスの生産と消費が同時に行われるということを意味している。製品の場合は消費地点と異なる場所で生産できるが，サービスの場合は基本的に不可能である。そのため，サービスにおいては立地が重要となる。関与が高いサービスの場合，顧客は遠方であっても特定の企業のサービスを求めるだろう。一方，関与が低いサービスの場合，顧客は身近な企業にしか出向くことはないだろう。

　また，サービスでは生産や提供のプロセスにおいて顧客と従業員が居合わせるために相互作用が起こりやすい。したがって，サービス提供者の対応がサービスの品質に大きな影響を及ぼす。たとえば，レストランにおける従業員の接客態度は顧客の満足を左右する。たとえ味が良くて

も従業員の態度が悪ければ，顧客の満足度を下げてしまうこともある。

　サービスの生産と提供のプロセスに顧客を関わらせることも可能である。たとえば，いくつかのファストフード店では，料理を運ぶのは顧客の役割である。小売業におけるセルフレジでは，顧客が商品の読み込みから精算という役割を担っている。

　第四の消滅性という特性は，サービスは在庫できないということを意味している。工場でできた製品は，倉庫で保管できるが，サービスはそのようにはいかない。たとえば，航空機の行きの便に空席があったからといって，帰りの便においてその分多くの乗客を運ぶことはできない。サービスにおいては過剰な供給能力は利益へ結びつかない。そのため，需要をいかに最適な水準でコントロールするのかが重要となる。需要をコントロールするための施策は主に4つある。第一に変動的な価格設定である。たとえば，航空会社は座席のグレードや予約のタイミングで価格を変動させたり，ホテルや旅館では繁忙期と閑散期で価格を変動させたりしている。第二にオフピーク時の需要の喚起である。たとえば，いくつかのファストフード店では，朝食メニューを充実させ，朝の需要を喚起させようとしている。第三は補完的なサービスである。補完的なサービスの目的は，サービスを待つ顧客へ他の選択肢を提供することである。たとえば，銀行では窓口でもATMでも預金口座からお金を引き出せる。第四は予約システムである。予約システムの導入によって，需要を事前に把握し，管理できる。航空サービスやホテルでは予約システムが一般的となっている。

3．サービスの分類

　製品と同様，サービスもいくつかの視点で分類することができる。同じ枠組みに分類されるサービスは共通性が高いため，マーケティング戦

略を構築するうえで参考になる。

　第一にサービスの中核的な要素を生み出すのが，設備ベースなのか人ベースなのかという視点がある。設備ベースの例としては，自動販売機や洗車機のように完全に自動化されたサービスと映画館やクリーニングのように人が設備を操作するサービスが挙げられる。一方，人ベースの例としては，美容サービスやコンサルティングなどが挙げられる。設備ベースと人ベースで異なるのは，品質の変動性である。設備ベースのサービスのほうが，品質の変動性は小さくなる。

　第二にサービスの受け手が，人なのかそれとも所有物なのかという視点もある。たとえば，教育やレストランは人に向けられるサービスであり，宅配便や修理サービスは所有物に向けられたサービスである。受け手が人の場合，顧客がサービスの生産の場に居合わせることになる。したがって，照明や装飾などサービスが提供される場の物的な環境も重要となる。

　第三にサービスの行為が，無形なのかそれとも有形なのかという視点もある。有形の行為とは，消費者や所有物の有形の要素に向けられたサービスを指している。たとえば，美容院でのカットは，消費者の髪という身体の一部に向けられたサービスである。無形の行為とは，消費者や所有物の無形の要素，すなわちマインドや情報などに向けられたサービスである。たとえば，教育サービスを受けることによって知識は高まるが，身体的な要素は変化しない。ラブロックは，サービスの受け手が人なのか所有物なのか，そして行為が有形なのか無形なのかという2つの軸でサービスを4つに分類している（表7-1）。

　第四に顧客が，個人なのかそれとも組織なのかという視点からも分類できる。これは，製品における生産財と消費財の分類と同様である。たとえば，同じ教育サービスを提供する場合でも，企業などの組織が顧客

表7-1　サービスの分類

サービスの行為	サービスの対象	
	人	所有物
有形	ヘルスケア 旅客輸送 美容サロン フィットネス・クラブ レストラン 美容院	貨物輸送 機械の保守と修理 清掃サービス クリーニング 造園 獣医
無形	教育 包装 情報サービス 映画館 美術館・博物館	銀行 法務 会計 証券 保険

出所：Lovelock（1983）

なのか消費者が顧客なのかによって，サービスの提供方法やマーケティングは違うはずである。第五にサービスを提供する主体が，営利組織なのかそれとも非営利組織なのかという分類もできる。たとえば，教育サービスを提供するのは高校や大学のような非営利組織もあれば，学習塾や通信教育企業のような営利組織もある。

4. サービス品質

　顧客に優れたサービスを提供するためには，サービス品質を管理し，向上させていく必要がある。ところが，サービスには無形性や変動性といった特徴があるため，製品の品質のように客観的な指標を用いて測定することが難しい。図7-1に示すように，サービスの多くは経験財や信頼財である。したがって，サービスの品質を測るためには実際に経験した顧客からの評価が欠かせない。

　パラスラマンらは，サービス品質を構成する5つの要素を明らかにし，

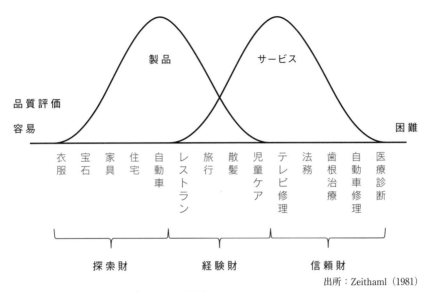

探索財　　　　　　　経験財　　　　　　信頼財

出所：Zeithaml（1981）

図7-1　製品・サービスと品質評価

Servqual と呼ばれる尺度を開発した（表7-2参照）。5つの要素とは，信頼性（正確で信頼のできるサービスの提供），対応性（顧客を手助けし，素早いサービスを提供する能力），確実性（知識，丁寧さ，そして顧客へ信頼性を与える能力），共感性（顧客に注意を払い，何を求めているのかを察知しようとする能力），有形性（設備，装置，従業員，コミュニケーション・ツールなどの有形的な要素）である。

　サービス品質の実際の測定においては，5つの要素に対する顧客の期待と知覚の差が求められる。たとえば，期待については「XYZ 企業は，約束したことを実行するだろう」という項目で測定され，知覚については「XYZ 企業は，約束したことを実行する」という項目で測定される。2つの項目の得点の差が大きいほど，サービス品質は高いと判断される。ただし，サービスによっては事前に確たる期待を抱くことは難しく，期

表7-2　Servqual の質問項目

信頼性 　XYZ 企業は，約束したことを実行する。 　問題が起こった時，XYZ 企業は解決に対して真摯な態度で応じる。 　XYZ 企業は，最初から正しくサービスの提供を行う。 　XYZ 企業は，実行を約束した時間にサービスを提供する。 　XYZ 企業は，サービスが提供される時間をきちんと顧客に知らせている。 **対応性** 　XYZ 企業の従業員は，あなたに素早くサービスを提供している。 　XYZ 企業の従業員は，いつもあなたを助ける。 　XYZ 企業の従業員は，忙しすぎてあなたの要求に対応できないことはない。 **確実性** 　XYZ 企業の従業員の行動は，あなたに信頼感を与える。 　あなたは XYZ 企業企業との取引を安心だと感じる。 　XYZ 企業の従業員は，いつも丁寧だ。 　XYZ 企業の従業員は，あなたの疑問に答える知識を持っている。 **共感性** 　XYZ 企業は，あなたに個人的に注意を払ってくれた。 　XYZ 企業は，あなたに個人的に注意を払ってくれる従業員を雇っている。 　XYZ 企業には心から興味を持っている。 　XYZ 企業は，あなたの特定のニーズを理解している。 **有形性** 　XYZ 企業は，近代的な機器を装備している。 　XYZ 企業の設備は見た目がとても良い。 　XYZ 企業の従業員の外見はとても清潔だ。 　XYZ 企業のサービスと関連した資材（パンフレットや書類など）は外見がとても良い。 　XYZ 企業は便利な時間にサービスを提供している。

出所：山本（2007）

待の得点が意味をなさない場合もある。

5. サービスのマーケティング戦略

　上述したように，サービスには無形性・変動性・不可分性・消滅性という4つの特性がある。そのため，サービスのマーケティング戦略を構築するうえでは，製品のマーケティング戦略とは異なる発想が求められる。

（1）　サービス・トライアングル

　サービスのマーケティング戦略では，顧客だけでなく従業員にも焦点が当てられる。なぜならば，サービス業の従業員は，品質や顧客満足へ大きく関わっているからである。サービス・マーケティングには，顧客・企業・従業員の3者間の関係性を核としたサービス・トライアングルという枠組みがある（図7-2参照）。エクスターナル・マーケティングとは，企業が顧客に対して展開するマーケティングである。これは，通常のマーケティングと同様である。

　顧客が知覚するサービス品質は，信頼性だけに基づくのではなく，対応性や共感性によっても構成される。つまり，従業員とのやり取りがサービス品質を左右し，顧客満足へ影響を及ぼすのである。従業員と顧客の関係におけるマーケティングをインタラクティブ・マーケティングという。かつてスカンジナビア航空を再生させたカールソンは真実の瞬間という言葉を用いて，インタラクティブ・マーケティングの重要性を

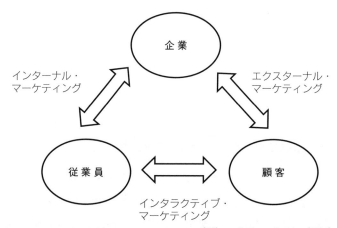

出所：コトラー，ケラー（2008）

図7-2　サービス・トライアングル

強調している。彼によれば，平均すると同社の従業員が顧客と接する時間は1回当たり15秒間だが，その15秒間こそが満足を決定づける真実の瞬間なのだという。ユニバーサル・スタジオ・ジャパンでは，アイコンタクトや挨拶を行ったり，気に入っているアトラクションなどを勧めたり，子供と仲良くなったりするなど，従業員が積極的に顧客へ声をかけるように奨励している。「マジカル・モーメント・プロジェクト」と名づけられたこの取組みを始めた結果，顧客からの苦情が大幅に減少したという。

　インターナル・マーケティングとは，従業員を内部の顧客と位置づけ，彼らのニーズを満たしてモチベーションを向上させるとともに，能力を向上させる施策を指している。第3章で議論したマズローの欲求階層説は従業員のニーズにもあてはまる枠組みである。たとえば，新幹線の車両清掃企業である株式会社JR東日本テクノハートTESSEIは，休憩室の席を企業側で指定することによって，従業員同士の交流を促進している。また，従業員を表彰する制度やおしゃれな制服を導入して従業員の意識を高めている。さらには，従業員に職場改善の意見を積極的に求め，それらを実行している。これらのインターナル・マーケティングの施策は，従業員の所属欲求，自我欲求，そして自己実現欲求の充足に結びついていると考えられる。

　インターナル・マーケティングとインタラクティブ・マーケティングは密接に関係している。というのも，インターナル・マーケティングによって従業員の満足度が高まり，その結果インタラクティブ・マーケティングの質が向上するからである。満足度の高い従業員はやる気を持って仕事に取り組むだろうし，積極的に自分の能力を向上させようとする。さらには，組織にロイヤルティを持ってより長く働こうとするだろう。このように，インターナル・マーケティングによって従業員の能

出所：ヘスケットら（1998），一部修正

図7-3　サービス・プロフィット・チェーン

力やロイヤルティは高まり，サービスの品質や生産性は高まる。その結果，顧客満足は高まり，売上や利益に結びついていくのである。このような従業員満足から売上や利益までの関係をサービス・プロフィット・チェーンという（図7-3）。

（2）　サービスの7P

　サービスのマーケティング・ミックスにおいては，製品・価格・流通・プロモーションの4P以外にも，顧客のサービス品質の知覚に対して強く影響する要素を考慮しなければならない。それは，参加者（people），物的な環境（physical evidence），プロセス（process）の3つである。参加者とは，サービスの生産や提供に関わる従業員を指している。高い水準のサービスを提供するためには，優れた能力とともに高いモチベーションを有する従業員が欠かせない。したがって，インターナル・マーケティングが重要となる。

　物的な環境とは，サービスが提供される場の雰囲気を構成する物理的な要素を表している。具体的には，備品・設備・内装・音楽・香り・照明などがある。物的な環境が重要な理由は2つある。第一に物的な環境

によって顧客のサービス知覚が変化するからである。同じ料理であっても，店舗が清潔で食器がおしゃれだった場合，よりおいしく感じるはずである。第二に物的な環境が従業員の居心地や働きやすさを左右するからである。従業員にとって快適な空間であるほど，提供するサービスの品質が向上する可能性がある。

　プロセスとは，サービスが生産され提供されるまでの一連の手続きや流れである。どのようなサービスにおいても，プロセスは存在する。たとえばレストランでのプロセスは，①顧客の来店と着席，②料理の選択，③料理の注文，④料理の提供，⑤食事，⑥支払い，といったようないくつかの段階から構成される。プロセスの意思決定では，プロセス全体をどのように設計するのかと，各段階における顧客の経験をどのように設計するのかということが検討される。

（３）　サービスにおける苦情対応

　製品と比べてサービスは失敗が起こりやすい。サービスにおける失敗とは，製品における不良品と同様，適切なサービスが提供できないことをいう。たとえば，レストランで注文とは異なる料理を提供したり，注文を厨房へ伝え忘れてしまったりするなど，さまざまな失敗があるだろう。そのため，インターナル・マーケティングを通じてサービスの失敗が起こる確率を低減させることが重要である。一方で，サービスの失敗が起こった場合，顧客に苦情を申し出てもらい，適切に対処する体制を整えておく必要がある。サービスの失敗によって失われた顧客の信頼を取り戻すために行われる企業の活動をサービス・リカバリーという。代表的なサービス・リカバリーの要素には，補償・謝罪・迅速対応・共感・説明などがある。

　補償とは，サービスの失敗を補うために顧客へ提供される代替サービ

スである。謝罪とは，サービスの失敗を顧客に対して詫びることである。迅速対応とは，顧客から寄せられた苦情を素早く処理することである。共感とは，従業員の顧客に対する気遣いや礼儀正しい態度を表している。説明とは，サービスの失敗が起こった原因について顧客へ述べることである。補償や謝罪が重要なのは言うまでもないが，共感や説明もサービス・リカバリーにおいては重要となる。顧客に共感するためには，顧客の立場でサービスの失敗を捉える必要がある。いくら補償を提供したとしても従業員の態度が粗暴ならば，顧客の怒りは増幅するだけである。また，サービスの失敗が起こった原因を説明することで顧客の理解が促進される。

　サービス・リカバリーが企業にもたらす成果は主として2つある。第一に，損失の補填によって顧客の満足を高められる点である。特に優れたサービス・リカバリーは，サービスの失敗が起こる前よりも顧客の満足度を高め，強いロイヤルティを抱かせる場合もある。そのことをリカバリー・パラドクスという。第二に顧客からの苦情は，サービス品質の向上に役立つ点である。サービス提供のどのプロセスでどのような失敗が起こったのかについて，顧客から詳細な情報が得られれば，失敗が起きやすい場面や質を高めるべきポイントが特定できる。

学習課題

1. サービスと製品の4つの違いに関して，該当する事例を探してみよう。
2. 皆さんがよく利用するサービスについて，Servqual を用いて評価してみよう。
3. 放送大学の取るべきマーケティング戦略について，7Pの枠組みを用いて考えてみよう。

参考文献

- Kerin, Roger A., Steven W. Hartley, and William Rudelius (2013), *Marketing*, 11th ed., McGraw-Hill.
- Lovelock, Christopher H. (1983), "Classifying Services to Gain Strategic Marketing Insights," *Journal of Marketing*, Vol.47, No. 3, 9-20.
- Zeithaml, Valarie A. (1981), "How Consumer Evaluation Processes Differ between Goods and Services," in James H. Donnelly and William R. George eds., *Marketing of Services*, American Marketing Association, 186-190.
- フィリップ・コトラー，ケビン・ケラー（2008）『コトラー＆ケラーのマーケティング・マネジメント』ピアソン・エデュケーション
- ジェームス・ヘスケット，W・サッサー，レオナード・シュレシンジャー（1998）『カスタマー・ロイヤルティの経営』日本経済新聞社
- レイモンド・フィスク，ステファン・グローブ，ジョビー・ジョン（2005）『サービス・マーケティング入門』法政大学出版局
- 山本昭二（2007）『サービス・マーケティング入門』日本経済新聞出版社

8 | ブランド・マネジメント

井上淳子

《目標＆ポイント》 企業は無形の資産であるブランドを育成し，適切にマネジメントすることで，売れ続ける仕組みを構築できる。本章ではブランドと製品との違いを明確にし，ブランドが果たす機能，ブランドが有する価値を理解する。またブランド・エクイティの構築に関わる具体的なブランド要素について把握する。

《キーワード》 ブランド・エクイティ，ブランド要素，ブランド認知，ブランド連想，ブランド拡張

1. ブランドとは何か

（1） ブランドの本質

　「ブランド」と聞くとフランスやイタリアなどの高級ブランドをイメージする人が多いかもしれない。しかし，ブランド自体に価格の要素は含まれていない。したがって「ユニクロ」や「MUJI」も「HERMÈS」や「LOUIS VUITTON」と同様に考えるべきブランドである。ブランド（brand）という言葉の起源には諸説あるが，農家が牛や馬といった自分の家畜を他者のそれと識別するために付けた焼印を指す古ノルド語"brandr"（現在の burned）から派生したという説がよく聞かれる。モノにこうしたブランドが付けられるようになったのには，製造者たちが自分の作った製品と市場に出回る類似の粗悪品とを区別し，取引をスムーズにしようとした背景がある。P＆G が1879年に発売した Ivory 石鹸がまさにそれである。白くて純度の高い自社の石鹸を粗悪品と区別す

るために，Ivoryというブランドをつけ，ブランド・ネームの入ったオリジナルの包装紙に包んで販売したのである。

　アメリカ・マーケティング協会（American Marketing Association：AMA）によると，ブランドとは「ある売り手の製品およびサービスを競合他社のそれと識別し，差別化することを意図したネーム，ロゴ，サイン，シンボル，デザイン，またそれらの組み合わせ」と定義されている。1990年代以降，企業は特にブランドの重要性を意識するようになり，ブランドを育て守っていくことはあらゆる企業の必須課題となっている。ブランドが注目されるようになった背景には，市場の成熟化に伴って競争が激化し，売り手の技術水準が高いレベルで均一化してきたことが挙げられる。どのメーカーの製品でも機能的な差異がほとんどない状況は製品のコモディティ化を意味する。市場には同様の製品があふれ，消費者は何を購買の決め手にすればよいか悩むことになる。何かを購買するたびに情報探索や処理のコストがかかるのは消費者にとって大きな負担である。価格は1つの明確な決め手となるが企業は価格競争を回避したい。このような状況において，ブランドは企業や消費者が抱える問題を解決する手段として機能するのである。

（2）　製品開発とブランド構築

　製品とブランドは多くの重なり合う部分を持つものの，同一ではない。図8-1に示されるように，製品開発は技術力をベースとした「モノの開発」＝モノづくりである。そこでは，製品の機能や品質が重視され，最終的に当該製品がどれだけの市場シェアを獲得できるかが課題となる。一方，ブランド構築は基本的には「モノへの意味づけ」である。つまり，開発されたモノ（製品）を消費者の生活における使用シーンと関連づけ，消費者に夢や期待，イメージを抱かせることが課題となる。ブランド構

112

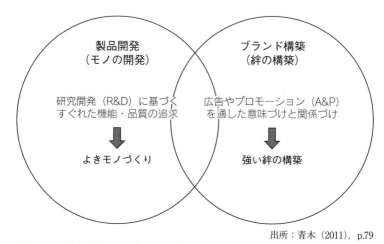

出所：青木（2011），p.79

図8-1　製品開発とブランド構築

築は，消費者と絆を形成することであり，どれだけ彼らのマインド・
シェアを獲得できるかが問われる。

　市場シェアは言うまでもなく，消費者の購買によりもたらされる結果
である。いかに技術的に優れた機能や品質を備えた製品であっても，そ
れが消費者のニーズを充足する最良のものとして理解，評価され，選択
に至らないかぎりは，高い市場シェアに結びつかない。したがって，企
業にはよきモノをつくるとともに，その価値を伝達し，意味や世界観を
創造していくブランド構築が必要となる。消費者に支持され続ける強い
ブランドを構築するためには，ブランドの意味や価値を消費者と共有す
るコミュニケーションが重要な役割を担う。

（3）　ブランドの機能

　ブランドは無形の価値であるがゆえに抽象的で，どのような機能を果
たしているのかわかりにくいかもしれない。ここでは具体的にブランド

が果たす機能について見ていこう。ブランドはそれを取引する企業に対して，また購買する消費者に対しても特定の機能を果たしている。

【企業に対する機能】　最も基本的な機能は「識別機能」である。先述したようにブランドは元来，識別のための印であるため，自社が製造したものと他社が製造したものを識別する機能を果たす。また，ブランドには「メーカー出所表示機能」と「品質保証機能」もある。メーカー出所表示機能はその製品に関する責任の所在が誰にあるのかを明確にする機能であり，法的に所有権を主張して偽造品や模倣品から自社製品を守る役割を果たす。品質保証機能は約束された確かな品質であることを示す機能であり，買い手に安心感を与えることができる。

　さらに，ブランドは当該製品・サービスの世界観を伝達する「広告宣伝機能」を持つ。後述するネームやロゴ，スローガン，キャラクター，パッケージ，ジングルといったブランド要素はまさにこの広告宣伝機能を担っている。「付加価値増進機能」は，ブランドが付与されていることによって製品の価値が高まり有利な価格で取引できることを指す。シャツにあるブランドのロゴがついているかどうかで消費者の支払い意思額は大きく変わってくるものである。最後は「交渉力増進機能」である。強いブランド力を持つメーカーは取引交渉において相手より優位に立つことができる。市場で人気の高いブランドは，流通業者も取り扱いたいと積極的になるので，ブランドを梃子に有利な取引を展開できる可能性が高い。

【消費者にとっての機能】　ブランドは消費者が製品・サービスを購買したり使用したりするときに経験するさまざまな「知覚リスクを低減する機能」を持っている。この知覚リスクとは，たとえば，製品が思った通りの機能を果たすかどうかに関するリスク（機能的リスク）や，当該製品・サービスを購入することが周囲の人から批難されたりしないかに関

するリスク（社会的リスク）などである。その他にも支払い負担に関する金銭的リスク，物理的な安全性に関わる物理的リスク，消費者の精神・心理の健全性に関わる心理的リスクがある。ブランドはそれが持つ識別機能や品質保証機能によって，特定の購買状況における消費者の知覚リスクを低減させることができる。さらにこの機能は，消費者が知覚リスク低減のために行う情報探索の負担も軽くしてくれる。その結果，意思決定全体にかかる時間の短縮や購買選択に対する確信の増大，さらには使用後の高い満足がもたらされる。

　加えて，「情報処理コスト低減機能」もある。ブランドにはあらゆる情報が意味や象徴といった高次のレベルで保持されているため，消費者はブランドだけを手掛かりに購買意思決定をすることができる。個々の属性情報やベネフィットをいちいち確認したり理解する必要がなくなり，大幅に情報処理コストが低減される。

　その他，ブランドには「自己表現の媒体機能」がある。消費者にとって特定のブランドを購買・使用することが，自己表現の一部であったり，アイデンティティを形成・強化することに繋がる場合がある。ブランドはそれぞれに異なった世界観やイメージを持っているため，消費者はそれを自己表現のための媒体として用い，「私はこういう価値観を持った人間です」と他者に伝達することが可能になる。

2. ブランドの価値構造とブランド類型

（1）　ブランドの価値構造

　先述した通り，ブランドは製品の品質や機能を超えて，顧客に価値を提供するものである。ブランドの価値構造は図8-2のように示すことができる。逆ピラミッドの最下部に位置する「基本価値」は製品機能そのものが消費者に与える価値であり，この価値を実現できない製品はそ

もそも当該製品カテゴリーに属すものとして認められない。時計でいえ
ば，正確に時を刻み，正しい時間を私たちに教えてくれることである。
そうでなければ，時計の価値があるとは言えないだろう。製品が製品た
る所以がこの基本価値を提供することなのである。「便宜価値」とは，
消費者に何らかの利便性を提供するような価値をいう。再び時計を例に
挙げれば，チタン製で非常に軽くて丈夫であるとか，ソーラーエネル
ギーで動き電池の交換もネジの巻き上げも不要であるといったことが該
当する。リーズナブルに購入可能，どこの店でも扱われていて入手がし
やすいなども便宜価値と言える。基本価値と便宜価値は，いわゆる「製
品力」と呼ばれるものである。この2つは当然ブランドに備わっている
べき根本的価値ではあるものの，上部に位置する感覚価値や観念価値よ
りもその重要度は低いと言える。基本的な機能，便利さといった価値を
提供しているだけでは製品は容易にコモディティ化してしまう。
　感覚価値は，製品を楽しく魅力的に消費させる価値である。本質的機

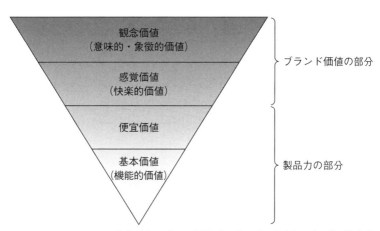

出所：嶋口・和田・池尾・余田(2004)，青木(2011)に基づき作成

図8-2　ブランドの価値構造

能とは直接結びつかなくとも，消費者が当該ブランドを購入し，消費したり保有したりするプロセスを豊かに楽しくする価値を指す。こうした価値は他の製品と差別化された消費経験を彼らに提供する。

　一番上の「観念価値」は，製品のコンセプトやブランドの歴史，物語性が生み出す価値を指す。ブランドの歴史や物語に裏づけされた意味や象徴は，それが製品としてもたらす効用をはるかにしのいで消費者を魅了する可能性を持っている。感覚価値と観念価値こそが感動を生み出し，唯一無二の存在として消費者との絆を形成するブランド価値の源泉と考えられている。

（2）　ブランド類型

　ブランド構築の方法は製品カテゴリーや製品の特性によって異なる。ブランドのタイプを機能的ブランド，情緒的ブランド，経験的ブランドの3つに分類して，ブランド構築における違いを見ていこう。

【機能的ブランド】　機能的ブランドとは，製品の機能的側面，たとえば汚れを落とす，痛みを和らげる，といった基本価値の提供に重きをおいたブランドのことを指す。このタイプのブランドは，同様の機能を提供する多くの競合ブランドとの間で差別化を図る必要があるため，性能の優位性や経済性を強調しなければならない。しかし，それらの差別化ポイントは，他社による模倣が比較的容易なため，市場で優位なポジションを築き維持することができるブランドは限定される。機能的ブランドで成功しているものを見てみると，カテゴリーを代表するブランドが多い。たとえば，衣料用洗剤の「アタック」や頭痛薬の「バファリン」などは市場参入のタイミングが早く，製品カテゴリーとの強固な結びつき（強い連想）を形成するのに成功したブランドと言える。

【情緒的ブランド】　情緒的ブランド，あるいはイメージ・ブランドとは，

製品の意味的価値や象徴的価値の提供に重きを置いたブランドのことを
指す。このタイプのブランドは，客観的な基準での品質評価が難しいカ
テゴリー（たとえば化粧品，高級ワイン，医療やコンサルティングと
いった専門サービス）や，製品の使用や所有が他人の目に触れるカテゴ
リー（衣料品や宝飾品，車）などに多く見られる。消費者の選択や評価
が，ブランドの持つイメージをベースに行われるため，差別化のポイン
トは人々が憧れたり，個性や安らぎを感じたりするようなイメージを付
与することである。使用や所有が人の目に触れる機会が多い製品カテゴ
リーでは，ブランドがある種のバッジ（ステイタス・シンボル）として
機能する。この点において重要なのは，意味やイメージが社会的に広く
共有されていることである。

　情緒的ブランドを構築するためには，デザイン性を高めたり，ストー
リー性を付与したり，特定タイプのユーザーと結びつけてユーザーイ
メージを形成したり，広告コミュニケーションによって消費者とブラン
ドとの感情的な絆を形成するなどの手法が用いられる。コモディティ化
が進行し，ブランドの機能的な差異が縮小傾向にある今日では，意味的
価値や象徴的価値によるブランド構築がますます重要になっている。

【経験的ブランド】　経験的ブランドとは，消費者がブランドと接したと
きに感じ取るあらゆる経験価値に重きを置くブランドを指す。特に無形
のサービスはそれを経験する「場」がすべてとなる。経験的ブランドの
代表といえば「ディズニー」がよく取り上げられるが，エンターテイメ
ントの領域に限定されるものではない。

　1990年代終わり頃からマーケティングの分野で「経験価値」の概念に
注目が集まるようになった。「経験」は感情的・身体的・知的，さらに
は精神的なレベルでの働きに応えて人の心の中に生まれることから，き
わめて個人的なものである。ブランドが顧客を魅了するときに実現する

経験価値は，彼らの心に特別な場所を築いて残り続ける。企業は消費者がブランドを購入し，使用したり所有したりすることで得るベネフィットを「経験」というより広い世界で包み込むことによって，他ブランドが模倣できない究極的に差別化された価値に変えることが可能である。そのためには五感を通じたブランド経験の提供，あらゆる顧客接点を活用したブランディングの場づくり，そこでの顧客とのインタラクションが必要になる。

3. ブランド・エクイティ

　ブランドは企業にとって「無形の資産」である。ブランド研究で有名なケビン・ケラーは，「ブランドこそ多くの企業が有する最も価値ある資産」であると指摘している。実際，企業のM&Aにおいてブランドの価値が「のれん代」として計算され資産に組み込まれることもある。

　エクイティは，もともと会計や財務分野の用語で，総資産からそれを取得するために要した負債を差し引いた正味資産，あるいは持分のことを指す。ブランド・エクイティの概念を体系化したデービット・アーカーは，その構成要素を①ブランド認知，②ブランド連想，③知覚品質，④ブランド・ロイヤルティ，⑤特許・商標・チャネル関係などその他のブランド資産，の5つにまとめている。

【ブランド認知】　ブランド認知とはブランドがどれだけ多くの人に知られているか，ということである。消費者は知らないブランドを購買しようとはしないし，知名度が高いほど購買において選択される確率が高くなる。

【ブランド連想】　ブランド連想は，そのブランドを見聞きしたとき消費者が何を思い出し，どのようなイメージを抱くかということと関連する。「マクドナルド」というブランド・ネームを聞いたとき，消費者の頭に

浮かぶもの，たとえばロゴのゴールデンアーチや i'm lovin'it という
キャッチフレーズ，リーズナブルな価格帯，アメリカという原産国，ど
こに行っても近くにあって安心など，すべてがブランド連想である。こ
れらはブランド認知とともにブランド知識の一部を成している。

　成功しているブランドは，豊かで一貫したブランド・イメージを形成
していて，消費者に強くて，好ましくて，ユニークな連想を抱かせる。
消費者が抱く連想が弱く曖昧では意味をなさない。また当然，連想はポ
ジティブで魅力的であるほうが良く，他ブランドにはない当該ブランド
だけが保有するものが必要である。

【知覚品質】　知覚品質はそのブランドについて消費者が感じる品質のこ
とを指す。客観的あるいは物理的品質ではなく，消費者の主観に基づく
品質である。物理的なモノの場合よりも，ホテルやレストランのような
サービスの場合に知覚品質のばらつきは大きくなる傾向がある。知覚品
質は購買意思決定やブランド・ロイヤルティに直接影響を及ぼす。高い
知覚品質は高価格の維持を可能にする。

【ブランド・ロイヤルティ】　ブランド・ロイヤルティとは，そのブラン
ドにこだわる消費者の気持ちや行動を指す。無数のブランドが存在する
今日の市場では，消費者がブランド・スイッチを起こしやすく，特定の
ブランドを買い続けてもらうのは容易ではない。競合他社のブランドが
値引きをしたり，新製品を発売したりしても，心動かされることなく自
社ブランドを好み買い続けてくれるロイヤルティの高い消費者は，ブラ
ンドが存続するための基盤である。

【その他のブランド資産】　上記以外にも，ブランド・エクイティを構成
する要素として特許や商標（トレードマーク）などがある。これらはブ
ランドを守るための法的な手段である。他社との競争において自社ブラ
ンドの価値や権利が侵害されたり損なわれたりすることを防ぐため，適

切に対応しておくことが求められる。

4. ブランド要素の選択

　製品やサービスをブランド化するためには，他との識別性を高める必要がある。冒頭で述べたブランドの定義にも示されているとおり，その具体的な手段としてブランド・ネームやロゴなどがある。ケビン・ケラーはそれら手段をブランド要素と呼んで，選択の基準について論じている。それぞれの要素と選択に際して考慮すべき点を見ていこう。

（1）　ブランド要素
　ブランド要素には，ブランド・ネーム，ロゴ／シンボル，キャラクター，スローガン，ジングル，パッケージがある。

【ブランド・ネーム】　消費者がブランドを認知するとき，そのほとんどはブランド・ネームを通じてである。ブランド・イメージもまたブランド・ネームを核としたブランド連想で形成されている。つまり，ブランド・ネームはブランド要素のなかで中心的な存在と言える。ブランド・ネームは，意味を持つ言葉としての言語性が強いが，ロゴと一体となって視覚的な側面を持ったり，発音すれば聴覚に訴える要素ともなる。優れたネーミングは消費者の製品理解を助け，ブランドの意味や価値の伝達を容易にする。

【ロゴ／シンボル】　ロゴ（ロゴタイプ）とは，文字を図案化したり，装飾化したりしてデザインしたものを指す。文字だけでなく，非言語的な図案や記号としてのシンボルマーク，またそれらを組み合わせたものもロゴと呼ばれる。一般に使用されるような文字でブランド・ネームを表記するより，デザインされた独特の文字やマークを組み合わせるほうが，ブランドの識別性が高まり，意味の付与やイメージ形成もしやすくなる。

【**キャラクター**】　キャラクターは，架空あるいは実在の人物や動物をブランドのシンボルとして用いたものである。赤城乳業の製氷菓子「ガリガリ君」にはその名もガリガリ君という小学生と設定されたキャラクターがいる。ソフトバンクのシリーズCMで白戸家のお父さん，白戸次郎を務める「お父さん犬」も広く認知された人気キャラクターとなっている。キャラクターには人格的な要素が含まれるため，それを利用してブランド・パーソナリティを形成することができたり，ブランドへの親しみや愛着を深めることが可能になる。

【**スローガン**】　スローガンとは，ブランドのコンセプトや特徴を短いフレーズで表現したものである。ナイキの「JUST DO IT.」やマクドナルドの「i'm lovin'it」などは世界的によく知られたスローガンである。こうしたスローガンをブランドのロゴとともに提示することで，ブランドの認知を高めることができる。また簡潔であるがゆえにブランドの価値や世界観を伝達するうえで重要な役割を果たす。

【**ジングル**】　ジングルとはブランドに関連する音楽のことを言う。具体的にはCMで用いられる「CMソング」や，企業名やブランド名にメロディを付けた「サウンドロゴ」のことを指す。ジングルは人々の耳に残って思わず口ずさむなど，記憶に刷り込まれやすいという特徴がある。

【**パッケージ**】　本来，製品の保護や保管，使用時の利便性を高めることを目的としたパッケージもブランドの識別性を高める重要な要素である。パッケージの色や形状，素材などを工夫することで，消費者の視覚と触覚に働きかけることができる。多くの類似した製品が陳列されているスーパーの店頭などにおいて，パッケージは「物いわぬ販売員」として大きなプレゼンスを発揮する。

（2） ブランド要素の選択基準

ブランド要素は，ブランド・エクイティを高めるという最終的な目的を達成できるよう適切に選択し，統一感を持って活用する必要がある。ブランド要素の選択においては，いくつかの基準を考慮しなければならない。

まず1つ目の基準は「記憶可能性」である。購買や消費の場面でブランドが選択されるためには，消費者がそのブランドを想起したり，再生したりする必要がある。ブランド要素はそれを助成するようなものでなければならない。ただ覚えやすいというだけでなく，目を引きやすい，見つけやすいなどの視認性も大切になる。

次の基準は「意味性」である。ブランド要素は，望ましいブランド連想の形成に寄与するような固有の意味を持っていることが期待される。製品の機能や特徴を伝える言語的な意味に加え，視覚的なイメージや楽しさといった感性的な意味なども考慮すべきである。

3つ目の基準は「移転可能性」である。これはブランド要素が製品カテゴリーや地域・国などの境界を越えて使用可能であることを指す。ブランド要素が製品カテゴリーを越えて使用できるものでなければ，ブランドのカテゴリー拡張は困難である。また国や地域を越えて使用可能でなければ，グローバル・ブランドになることはできない。

4つ目の基準である「適合可能性」は，ブランド要素が柔軟性を持ち，時代や消費者の変化に合わせて修正や更新が可能かということである。ブランドを取り巻く外部環境は日々変化しており，開発当初のままでは現在の市場や消費者と適合しなくなる可能性もある。長期的な視野を持ちつつ環境に合わせて柔軟にブランド要素を適合させていくことが求められる。

最後は「防御可能性」である。これはブランド要素が法的に，あるい

は競争上うまく防御できるかどうかということを指す。ブランド・ネームやロゴなどは，商標登録や意匠登録をすることによって法的に保護することができる。法的な対応ができない場合でも他社が容易に模倣することができないよう防御態勢を整えておくことが必要である。

5．ブランドの管理

　ブランド・マネジメントの課題には，新規ブランドをどのように構築するかだけでなく，それらをどのように管理していくかが含まれる。その際，ブランドが置かれている状況に応じて，以下のような戦略が考えられる。

【ブランド強化戦略】　最もシンプルな戦略が，現在の条件の中で，つまり対象市場もブランドも変更をせず，ブランドを強化するという選択である。この戦略の下では市場での認知度を高めるべく，広告プロモーションに注力したり，消費者に好まれるよう製品に改良を加えたりする。

【ブランド・リポジショニング戦略】　「リポジショニング」はポジショニングの変更を意味する。ブランド開発時のポジショニングが外部環境の変化などにより，市場と適合しなくなった場合には，ブランドの位置づけを改めることで成長する可能がある。肌に優しいベビー用のローションやクリームを，敏感肌に悩む大人向けの基礎化粧品としてリポジショニングするなど，既存の連想をうまく活用できると効果的である。

【ブランド変更戦略】　この戦略は思い切って既存ブランドをまったく新しいブランドへと変更する戦略である。これまでに蓄積されたブランドの資産を捨ててゼロからのスタートとなるためリスクの高い戦略と言える。現状がきわめて厳しく，小さな軌道修正では既存ブランドを立て直すことが困難な場合に採用される。

【ブランド拡張戦略】 これは既存ブランドが成功し，市場で高い評価を得ている場合に採用可能な戦略である。市場において既に一定の地位を確立したブランドの資産を活用して，同一カテゴリー内でラインを増やしたり，別のカテゴリーへ進出したりすることを指す。前者は「ライン拡張」と呼ばれ，同じブランド名を用いて，同一製品カテゴリー内に性質や機能の異なる新製品を出すことである。新しい風味や色・形・容量などの種類を追加することが該当する。後者は「カテゴリー拡張」と呼ばれ，スキンケアブランドがヘアケア市場に進出する場合など，製品カテゴリーをまたいで同一ブランドを活用するケースを指す。

ライン拡張の場合，製品ラインを増やすことで同一カテゴリー内の異なるニーズを持つ消費者にアピールできるというメリットがある。一方，ラインを増やすことが新たな顧客の獲得につながらず，ライン間で既存顧客を奪い合う結果となるリスクもある。ライン拡張の場合にはこうしたカニバリゼーション（共食い）に注意が必要である。

カテゴリー拡張は，他の製品カテゴリーに参入する際，新規ブランドを立ち上げるよりも格段にマーケティング費用を節約することができ，また拡張がうまくいった場合には，ブランド全体の価値を強化することにつながる。しかし，既存ブランド（親ブランド）の製品カテゴリーと拡張先カテゴリーとのイメージや顧客基盤に整合性が取れない場合には，ブランド・イメージが希薄化したり，傷つけられるといった悪影響が出る。確立された親ブランドの価値を損なう可能性を考えると，ブランド拡張の意思決定は慎重に行われなければならない。

学習課題

1. 機能的ブランド，情緒的ブランド，経験的ブランドの各類型に該当
   すると思うブランドを取り上げ，それぞれのコミュニケーション活動
   を比較してみよう。
2. ブランド拡張の成功事例と失敗事例を探して，その要因について検
   討してみよう。

参考文献

・青木幸弘（2011）『価値共創時代のブランド戦略』ミネルヴァ書房
・田中洋（2017）『ブランド戦略論』有斐閣
・ケビン・レーン・ケラー（2015）『エッセンシャル 戦略的ブランド・マネジメン
　ト』東急エージェンシー
・デービッド・アーカー（2014）『ブランド論』ダイヤモンド社
・慶応義塾大学ビジネス・スクール編；嶋口充輝・和田充夫・池尾恭一・余田拓郎
　著（2004）『マーケティング戦略』有斐閣

9 | 価格戦略

石田大典

《目標＆ポイント》 製品やサービスの利益を決定づける変数は，販売量，費用そして価格である。そのうち，企業が思うままに決められるのは価格だけである。それゆえ，価格設定は利益を左右する重要な意思決定であると言える。本章では，価格設定の基本的な方針に加え，戦略的な観点からさまざまな価格設定法について説明していく。

《キーワード》 価格弾力性，損益分岐点，上澄み吸収価格戦略，市場浸透価格戦略，フリー戦略，ダイナミック・プライシング

1. 価格の重要性

　製品・プロモーション・流通という他のマーケティング・ミックスの要素とは異なり，価格はいくつかの特徴を有している。第一に，価格は利益に対して直接的に大きな影響を及ぼすということである。青木（1998）が行った日本企業を対象とした分析によると，価格を1％上昇させると，営業利益は32.2％増加する一方，販売量の1％の増加では営業利益の増加への影響は8.2％であるという。費用に関しては，変動費の1％削減によって営業利益は23.9％増加し，固定費では7.2％の増加になるという。第二に，価格はポジショニング機能を有しているということである。消費者はしばしば，価格を基に製品やサービスのランク付けを行う傾向にあり，いくらに設定するかによってポジショニングが決まってしまう。第三に，価格は消費者の購買意思決定に影響を及ぼすということである。製品やサービスの購買において，価格を見ない，ある

いは気にかけないという消費者はまずいないだろう。

　価格設定の基本的なステップは，目的の明確化，影響要因の検討，価格の設定という3つの段階に大別される。

2．価格戦略の目的

　価格設定において初めに取り組むべきことは，目的の明確化である。価格戦略の目的にはいくつかある。第一に利益の追求である。多くの企業は，利益を最大化できるよう，製品の費用や顧客の反応を分析したうえで価格を設定しようとするだろう。利益を追求するうえで重要なのは，短期か長期かという時間軸の視点である。短期的な利益を追求する価格設定が必ずしも長期的な利益に結びつくとは限らないからである。

　第二に販売数量の追求である。販売数量を目的とした際，低価格に設定されることが一般的である。導入期の場合，低価格による市場導入は新製品の普及を促進させる可能性がある。また，成長期や成熟期の場合，販売数量が増えるほどより大きな市場シェアを獲得でき，結果として単位当たりの製造費用や販売費用の減少が期待できる。

　第三にポジショニングの訴求である。消費者にとって価格は品質やプレステージを測るバロメーターとなる。そのため，製品を高価格に設定することで，品質の良さやステータスを訴求できる。同様に，中価格や低価格に設定することで，より大衆向けのブランドであると訴求できる。

　第四に生き残りである。競合からの圧力や顧客ニーズの変化によって非常に厳しい競争地位にある企業にとっては，存続自体が目的となることもある。

3．価格設定への影響要因

　価格設定へ影響を及ぼす主な要因は，顧客・費用・競合である。ター

ゲットとなる顧客が期待する価格，製品の製造や販売に関連する費用，競合の価格などを理解していなければ，適切な価格設定を行うことは不可能である。顧客が想定している価格や競合の価格よりも高すぎると製品は売れないし，費用を下回るような価格にしてしまうと赤字になってしまうからである。

（1）　費用

　費用には主に固定費と変動費がある。固定費とは，製品の生産量や販売量に関係なく発生する費用である（図9-1）。したがって，製品の生産量が増加しても上昇することはないが，生産量が減少しても低下することはない。固定費には，家賃・人件費・リース料・広告宣伝費などがある。変動費は，製品の生産量や販売量の増減に伴って変化する費用である。変動費には原材料費・仕入原価・配送料などがある。たとえば，製品の生産量が増加するほど必要な原材料も増加するため，原材料費は上昇する。一方，生産量が減少するほど原材料費は低下する。固定費と変動費を合計したものを総費用という。また，製品1つ当たりにかかる費用のことを単位当たりの費用という。

　固定費と変動費によって構成されるため，単位当たりの費用と生産量には関係性がある。一般的に，製品やサービスの生産量が増加するほど単位当たりの製品の費用は低下する。この現象を規模の経済性という。規模の経済性が働く理由として，第一に生産量が多いほど一単位当たり製品が負担する固定費が低減することが挙げられる。第二に生産量が多いほど，より有利な条件で原材料を調達でき，変動費が低減するからである。また，生産量が増加するほど，企業は当該製品の生産に対してより多くの経験を有するようになる。その経験，すなわち累積生産量が増加するほど，従業員の熟練度が高まったり，作業の手順や問題点が改善

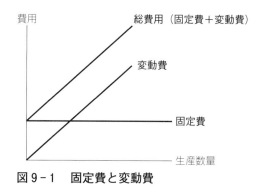

図 9 - 1　　固定費と変動費

されたり，あるいは製品の設計が見直されたりする。そうして生産効率が高まると，結果として単位当たりの製品の費用が低下する。この現象を経験効果という。規模の経済性との違いは，同じ生産量であっても経験効果は過去から現在までの生産量の累積という時間に焦点が当てられている点である。

（2）　競合

　価格設定においては，市場で取引されている競合の価格である実勢価格についても把握しておかなければならない。なぜならば，実勢価格は消費者にとって外的参照価格の役割を果たすからである。特に，自社と強い競合関係にある企業の価格を把握することは重要である。競合関係を把握するための指標の1つに交差弾力性がある。

　交差弾力性とは，ある製品の価格変化に対して，自社製品の販売量がどの程度変化したのかを表した指標である。具体的には，ある製品の価格の変化率と自社製品の販売量の変化率の比で求められる。交差弾力性の値が正の場合，当該製品の値下げ（値上げ）によって，自社製品の販売量が減少（増加）するため，競合関係にあると言える。一方，値が0

の場合，当該製品の価格変動は自社製品の販売量へ影響を及ぼさないので，競合関係ではないと言える。交差弾力性は負の値をとることもある。その場合は，当該製品の値下げ（値上げ）によって，自社製品の販売量が増加（減少）するため，補完関係にあると言える。

（3） 顧客

【価格と消費者心理】 消費者は，企業が設定した価格を受容する存在である。したがって，消費者が価格を受容しなければ製品やサービスがヒットすることはない。そのため，価格を設定するうえでは，消費者が価格をどのように捉えているのかを深く理解する必要がある。消費者にとって価格は3つの意味を有している。それは犠牲・品質・プレステージである。

　第一に，消費者にとって価格は犠牲であると言える。すなわち，製品やサービスを手に入れるために手放さなければならない対価である。価格を見たときに，消費者は何を基準に安いもしくは高いと感じるのだろうか。消費者が製品の価格を判断する際に比較対象として用いる価格を参照価格という。参照価格には，主として外的参照価格と内的参照価格がある。外的参照価格とは，実際に掲示されている価格の中で，当該製品の価格の比較対象として用いられるものである。たとえば，当該製品の通常価格や参考価格など，当該製品の価格と並べられて掲示されている価格や，他店における当該製品の価格などがある。消費者が確たる価格知識を持たない場合，外的参照価格を頼りにする傾向がある。たとえば，家電量販店では，外的参照価格が掲示されることが多い。

　内的参照価格とは，消費者が持つ対象製品に対する価格イメージである。たとえば，テレビであればいくら，ジュースであればいくらといったようなものである。購買頻度が高い製品ほど内的参照価格は明確であ

り，購買頻度が低くなるほど内的参照価格は不明確となる。そのため，購買頻度の高い製品では，慣習的に価格が定まってしまい，消費者が受容する価格の幅が狭くなる。つまり，消費者の内的参照価格より少しでも高くなると拒絶されてしまうのである。そうした価格のことを慣習価格という。

　第二に，消費者にとって価格は品質のバロメーターとしての役割を果たす。「安物買いの銭失い」ということわざがあるように，私たち消費者は安いほど品質が悪く，高いほど品質が良いと考えることが多い。特に，価格以外に品質を判断する情報が十分に得られない場合，関与や知識が低い場合，評価を行う時間的なゆとりがない場合において，こうした傾向は顕著になる。

　第三に，消費者は価格をプレステージの評価基準として用いることもある。時計や宝飾品などのぜいたく品では，品質に関係なくより高い価格ほど消費者に選好される場合もある。高額な製品を購買できる余裕があることを他者にアピールしたり，周囲から認められたりするという自我欲求が満たされるからである。たとえば，数万円する機械式の高級時計は，必ずしも数千円のクォーツ式時計よりも優れた品質や機能を有しているわけではない。それにもかかわらず，高級時計を好んで使用する消費者も多い。

【価格弾力性】　消費者の価格に対する反応は，価格水準の高低によって変化する。一般的に，価格が高くなるほど需要は減少するし，低くなるほど需要は増加する。企業にとって重要なのは，そうした価格の変動に対する消費者の反応がどれほど敏感なのか，すなわち価格弾力性について知ることである。価格弾力性は，価格の変動率と販売量の変化率の比の絶対値で求められる。たとえば，価格を10％下げたときに販売量が20％増加したとすると，価格弾力性は2となる。図9-2には，非弾力

的な場合と弾力的な場合の価格と販売数量の関係が示されている。弾力的とは，価格の変動に対して販売数量が大きく変化する場合であり，弾力性の値は大きくなる。一方，弾力性の値が小さくなるほど，価格の変動に対して販売数量が変化しないことを表しており，非弾力的であると言える。

　価格弾力性は，製品カテゴリーレベルで考えることもできるし，ブランドレベルで考えることもできる。価格弾力性の測定には，実際に販売価格を変動させる価格実験や，消費者に価格を提示して反応を尋ねる価格調査などの方法がある。弾力性が低い製品カテゴリーやブランドの特徴として，代替製品や競合製品が少ないことが挙げられる。製品カテゴリーでは生活必需品や嗜好品が良い例である。また，ブランドであれば差別化されているブランドが挙げられる。ただし，高級ブランドのように独自性が極めて高いブランドは，価格が低下するとかえって販売量が減少してしまうこともある。この現象をウェブレン効果という。

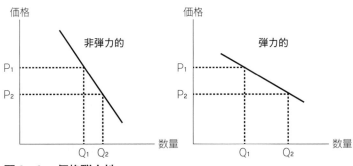

図 9-2　価格弾力性

4.　価格の設定

（1）　コスト・プラス法

　費用に基づく価格設定法の 1 つにコスト・プラス法がある。コスト・プラス法とは，費用に一定の利益を上乗せして価格を決める方法である。たとえば，一単位の製造に80円の費用がかかる製品から20円の利益を得ようとする場合，価格は100円となる。また，同じ製品で30％の利益率を得られるように価格を設定すると，80／（1 −0.3）≒114円となる。コスト・プラス法を用いる場合，製品にかかる費用を把握しなければならない。

（2）　損益分岐点を考慮した価格設定法

　固定費の存在を考慮すると，コスト・プラス法を用いて価格を設定したとしても必ずしも利益が得られるわけではない。なぜならば，固定費を回収できるほどの販売数量がなければ，全体として赤字になってしまうからである。したがって，赤字から黒字に転換する販売数量である損益分岐点を把握しておかなければならない。損益分岐点は，製品の総売上と総費用（固定費＋変動費）が交差する点を求めることによって明らかにできる。たとえば，ある製品の製造に関して，固定費が 5 億円かかり，変動費は一単位当たり1,000円かかるとする。もしその製品の価格を3,000円とした場合，損益分岐点は25万個ということになる（図 9 − 3 ）。

　損益分岐点を考慮した価格設定法とは，目標となる損益分岐点を定め，それに応じた価格を設定する方法である。具体的には，「価格＝（固定費／損益分岐点における販売数量）＋単位当たりの変動費」という式によって求められる。たとえば，損益分岐点の販売数量を10万個に設定し

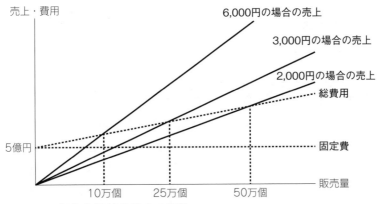

図9-3　価格と損益分岐点の価格

た場合の価格は6,000円となり，50万個に設定した場合の価格は2,000円
となる。

　新製品の価格を設定する場合，損益分岐点へ早く到達するのか，ある
いは遅く到達するのかという2つの方針に分けられる。新製品を高価格
に設定して市場導入する戦略を上澄み吸収価格戦略という。その目的は
売上の拡大ではなく，高い利益率によって開発費用を回収し，早期に損
益分岐点へ到達することにある。主なターゲットは，比較的価格に敏感
ではないイノベーターや初期採用者である。上澄み吸収価格戦略が適し
ているのは，他社が容易には模倣できないような大きく差別化された製
品や，顧客が高価格を受容するほど機能や価値を有している製品である。
たとえば，ハイテク製品において上澄み吸収価格戦略は採用されること
が多い。

　一方，新製品を低価格に設定して市場導入する戦略を市場浸透価格戦
略という。市場浸透価格戦略の目的は，新製品の普及を促進させ，大き
なシェアを獲得することにある。ターゲットは前期追随者や後期追随者

といった市場の大部分を構成する消費者である。彼らの多くは価格に敏感であるため，低価格でなければならない。需要が確立されていない新製品において，損益分岐点をあえて先送りにするというリスクをとる理由は，市場シェア拡大によって規模の経済性や経験効果が得られ，結果として費用面での優位性が構築できるからである。

（3） バリュー価格設定

　バリュー価格設定とは，提供する製品やサービスを可能な限り低価格にして顧客のロイヤルティを獲得する価格設定方法である。バリュー価格設定では，費用や競合の価格よりも顧客の参照価格が優先されることになる。したがって，低価格を実現するために費用を下げる努力が必要となる。小売業が展開するバリュー価格として，エブリデー・ロー・プライシング（Everyday Low Pricing: EDLP）がある。EDLPとは，価格を変動することなく低価格を一貫して維持しようとする戦略である。EDLPの目的は，消費者のロイヤルティの向上である。価格を変動させないことで，消費者の価格に対する信頼性を高め，ワン・ストップ・ショッピングを促進させるのである。さらに，特売を行う際に要する特別陳列や価格変更のための人件費，そしてチラシなどのプロモーション費もかからない。EDLPを採用する代表的な企業は，アメリカのウォルマートである。日本では，西友やオーケーストアがEDLPを採用している。

　EDLPとは対照的な価格戦略にハイ・ロー・プライシング（High & Low Pricing）がある。ハイ・ロー・プライシングとは，集客を目的として，短期的に特定の製品を値下げする戦略である。いわゆる特売の展開である。特売の対象となる製品はロス・リーダーと呼ばれる。ロス・リーダーそれ自体の利益はマイナスの場合もあるが，ほかの製品がいっ

しょに購買されることによって全体の利益を高めようとするのである。たとえば，ドラッグストアは菓子や日用品をロス・リーダーとして特売する一方で，医薬品の販売で利益を高めようとすることが多い。ハイ・ロー・プライシングのメリットは，低価格というポジショニングを消費者に強く訴求できる点である。ただし，特売の価格が消費者の内的参照価格として定着してしまうと，通常価格に戻した際にロス・リーダーだった製品の売上が大きく減少してしまう可能性がある。

（4）　現行レート価格設定

　現行レート価格設定とは，競合他社の価格を基に自社製品の価格を設定する方法である。競合他社の価格を調査したうえで，それと同等にするのか，高くするのか，あるいは低くするのかを決定するのである。業界が寡占市場であり，価格決定権を持つ有力な企業が存在する場合，それ以外の企業は現行レート価格設定法を用いるのが一般的である。費用や需要を詳細に分析する必要はなく，最も単純で簡潔な価格設定方法であると言える。また，市場に存在する競合製品に合わせるため，大きなリスクもない。競合他社が価格を変更させた場合，それに追随すればシェアを失う可能性も小さい。

　ところが競合の価格を意識しすぎると，価格戦略が受け身になったり，競合の価格変更に対して過度に反応してしまったりするようになる。ファストフード業界でしばしば見られるような価格競争に陥ってしまい，結果として業界全体の収益性が低下してしまう恐れがある。

（5）　フリー戦略

　フリーとは，文字通り製品を無料で提供することである。たとえば，インターネットの検索エンジンや動画投稿サイトの多くは無料でサービ

スを提供している。また，女性は無料で利用できる居酒屋や学生は無料でスキー場のリフトを利用できるサービスなども存在する。無料で製品やサービスが提供されるということは，消費者にとってはプレゼントを与えられるようなものであり，金銭的なリスクはまったくない。したがって，消費者にとってフリー戦略は非常に魅力的である。シャンパニエらが行った2種類のチョコレートを購買させる実験では，2セントと27セントのチョコレートでは選択される割合が同程度であり，1セントと26セントでも同様だった。ところが，無料と25セントのチョコレートでは9割の参加者が無料のチョコレートを選択したという。

　フリー戦略を実行するためには，いくつかの要件が必要である。第一に2種類の顧客を有することである。たとえば，上であげた検索エンジンや動画投稿サイトには，消費者以外に広告主という顧客が存在する。広告主から得られる利益によって，消費者に提供するサービスの費用を補っているのである。第二に補完財で収益を挙げられることである。無料でリフトを提供して来客数が増えると，結果として宿泊・飲食・スキー用品のレンタルなどの補完財の売上増加が期待できる。それによって収益を上げるのである。

5. 価格適合戦略

　企業が製品やサービスに設定する価格は必ずしも単一ではない。同一の製品やサービスであっても，需要や費用の違いに適合させて価格を変動させたり，複数の価格を設定したりする場合がある。

（1）　価格プロモーションとアローワンス

　価格プロモーションとは，特定の条件下において価格を引き下げることにより，販売を促進させようとするプロモーション施策であり，幅広

い場面で用いられている。代表的な価格プロモーションには，現金割引・数量割引・季節割引・機能割引がある。現金割引とは，購入代金を現金で支払った場合に行われる割引である。企業間の取引では掛け払いによる取引も多く，売り手には貸倒れのリスクや資金回収のコストが負担となる場合がある。ところが，現金で決済されることによってそうしたリスクやコストが不要となるため，その分価格を割り引くのである。数量割引は，購入量が多くなるほど価格を割り引いて販売するというものである。売り手の観点からすると，少量を多数の顧客に販売するよりも多量を少数の顧客に販売したほうが取引数は少なくなるためコストが抑えられる。したがって，大量に購買する顧客へ割引を行うのである。季節割引とは，閑散期の需要を高めるために行われる値引きである。たとえば，ホテルや航空サービスでは，オフシーズンの時期にキャンペーンがしばしば行われるが，それらは季節割引の一種である。機能割引とは，物流や保管など特定の流通機能を担うことによって行われる割引である。機能割引は企業間取引において多く用いられるが，消費者向けの価格プロモーションとしても用いられる。たとえば，宅配ピザの業界では，店舗まで買いに行くといくらか割引されることがある。

　アローワンスとは，メーカーが自社製品の販売努力に応じて流通業者へ支払う協賛金のことであり，実質的な価格プロモーションである。アローワンスには，特別陳列の実施や棚シェアの増加などに対して支払われる陳列アローワンスやチラシへの掲載やPOP広告の掲示などに対して支払われる広告アローワンスがある。

（2）　顧客セグメント別の価格設定

　同一の製品であっても，複数の顧客セグメントに対して異なる価格を提示する場合がある。その理由として，顧客セグメントによって参照価

格が異なったり，マーケティングに関連する費用が異なったりするためである。顧客セグメント別の価格設定における軸には，デモグラフィック変数・地理的変数・行動上の変数がある。デモグラフィック変数とは，年齢・性別・職業など国勢調査で集計されるような人口統計的な変数である。たとえば，映画館の多くは，シニア割やレディースデー，そして学割などの価格帯を設定している。

　地理的変数による価格とは，地域別価格を設定することである。たとえば，プレナスは店舗運営のコストが地域によって異なるため，2015年に弁当の地域別価格を導入した。その他にも，ファストフードやコンビニエンスストアにおいても地域別価格が導入されたことがある。行動上の変数による価格には，主に顧客がいつ買うのかという時期別価格とどこで買うのかというチャネル別価格がある。時期別価格は時間や曜日によって価格を変更することである。たとえば，レストランのランチ価格やディナー価格，宿泊施設の平日料金や休日料金を想起してもらうとわかりやすいだろう。チャネル別価格とは，チャネルごとに異なる価格が設定されることである。たとえば，お茶やジュースなどの飲料は，同一ブランドがレストラン・小売店・自動販売機などさまざまなチャネルで販売されているが，価格は異なる場合が多い。

（3）　ライニング価格戦略

　製品やサービスによっては，顧客が支払ってもよいと考える価格は必ずしも同程度ではない。カメラを例にとると，画質や機能の良さよりも安いほうがよいという消費者もいれば，一眼レフのような高品質で高いカメラのほうがよいという消費者もいる。このような製品やサービスの場合，企業はライニング価格戦略によって売上を最大化させられる可能性がある。ライニング価格戦略とは，品質やグレードに応じて複数の製

品に異なる価格を設定する戦略である。たとえば，単一の製品しか提供していなかったA社があるとする。もしA社が高品質で高価格の製品を導入すると，より高品質の製品を求めていた顧客の客単価を上げることができる。一方，低品質で低価格の製品を導入すると，もう少し価格が安ければ購入するだろう顧客を取り込むことができる。ライニング価格戦略において注意しなければならないのは，異なるグレードの製品間におけるカニバリゼーションの可能性である。したがって，製品間における品質と価格の差を十分に大きくしなければならない。

（4）　ダイナミック・プライシング

　長期休暇の時期になると，宿泊施設や航空サービスの料金が高くなりやすい。それは，旅行客が増えて宿泊や移動に関する需要が増加するからである。このように，需給の変化に応じて価格を柔軟に変更する戦略をダイナミック・プライシングという。近年，宿泊施設や航空サービスだけでなく小売やエンターテインメントなど幅広い業界でダイナミック・プライシングが取り入れられるようになってきている。その背景にあるのは，IT技術の進展である。インターネット上では即座に価格を変更できるし，電子棚札を使えば小売店でも容易に価格を変更できる。

　加えて，需要に影響を及ぼすさまざまな変数を容易に測定し，分析できるようになっていることが挙げられる。曜日・天候・在庫・売れ行きといった情報だけでなく，競合の価格情報や顧客の属性もオンラインであればすぐに把握できる。たとえば，競合が自社よりも高い価格だった場合，その価格に合わせて値上げをすることで利益をより大きくできる。ダイナミック・プライシングにおける注意点は，顧客へ不公正を感じさせないことである。

学習課題

1．価格弾力性が高い，あるいは低い製品やブランドにはどのようなものがあるのか探してみよう。
2．フリー戦略がとられているブランドにはどのようなものがあるのか探してみよう。
3．特定のブランドを 1 つ取り上げて，アマゾンや楽天市場での価格を数日間調査してみよう。

参考文献

・Shampanier, Kristina, Nina Mazar, and Dan Ariely (2007), "Zero as a Special Price: The True Value of Free Products," *Marketing Science*, Vol.26, No. 6, 742-757.
・青木淳（2003）『プライシング』ダイヤモンド社
・上田隆穂（1999）『マーケティング価格戦略』有斐閣
・ジャグモハン・ラジュー，ジョン・チャン（2011）『スマート・プライシング』朝日新聞出版
・ロバート・ドーラン，ヘルマン・サイモン（2002）『価格戦略論』ダイヤモンド社

10 | 流通戦略

井上淳子

《**目標＆ポイント**》　製造業者であるメーカーは，自社製品をターゲット消費者へ届けるために，適切なマーケティング・チャネルを構築し，管理する必要がある。直営店を設けて消費者にダイレクトに販売すべきか，他の流通業者を通じて販売すべきか，といった意思決定はチャネル構築の問題である。本章ではチャネルの「構築」と「管理」に焦点を当てながら有効な流通戦略について学んでいく。

《**キーワード**》　流通経路，マーケティング・チャネル，パワー・コンフリクトモデル，延期―投機理論

1．流通とは何か

　消費者は，製品を購入するためにメーカーのオンラインショップを利用したり，百貨店などのリアル店舗に足を運んだりする。メーカーは，ターゲット消費者に購入してもらうために適切で効果的な販売ルートを築く必要がある。ルートを築くことは「チャネル構築（選択）」，ルートを維持・管理することは「チャネル・マネジメント」と呼ばれる。

　たとえば，車のような高額な耐久財とトイレットペーパーのような生活必需品では，チャネルの構造がまったく違う。車を購入するとき，多くの人はメーカーのディーラーを訪れるだろうし，トイレットペーパーであれば近所のドラッグストアかスーパーで入手するだろう。車の場合，ネッツトヨタにはトヨタの車，ホンダカーズにはホンダの車しか販売されていない。一方，トイレットペーパーの場合はどこの店でもだいたい

同じで複数メーカーの製品が棚に並んでいる。この違いはメーカーの戦略に基づくチャネル選択が生んだ結果である。車とトイレットペーパーでは財の特性が極端に異なるが、たとえば同じ化粧品でも、自社直営のリアル及びオンライン店舗でしか販売しないブランドもあれば、ドラッグストアやスーパーで広く販売するブランドもある。ターゲットが誰かによって、またブランドの特性やマーケティング目標によって採用されるチャネルが異なるのである。

2. 流通経路とマーケティング・チャネル

　日用品メーカーの多くは、製造した製品を自ら直接消費者に販売することはなく、一連の仲介業者に委託している。つまり、メーカーと消費者の間に、流通業者（卸売業者や小売業者）が介在する。個々のメーカーのチャネル構築を考える前に、この製造業者（メーカー）―卸売業者―小売業者―消費者に至る「流通経路」について見ておこう。「マーケティング・チャネル」はメーカーが自社製品の販売のために構築したルート及びそのルートに関わる業者のことを指す。一方、流通経路は販売のプロセス（所有権の移転）をマクロな視点から捉えたもので、一般化された構造を指す。メーカーから消費者へ至る流通経路には複数のパターンが識別できる（図10-1）。

（1）　流通経路のパターン

　①「メーカー―卸売業者―小売業者―消費者」のように、卸売業者と小売業者が1社ずつ介在するパターンは消費財の流通において一般的な経路である。この卸売業者が1社ではなく、2社、3社介在する場合もある。メーカーと消費者の間に何段階の仲介業者が介在するかによって、流通経路の長さが決まり、二次卸、三次卸が介在すると長い流通経路と

144

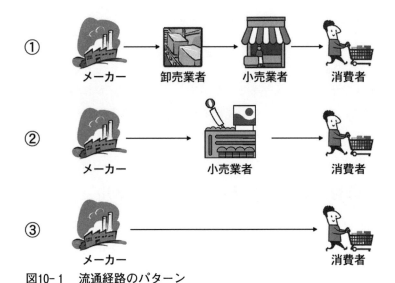

図10-1　流通経路のパターン

なる。伝統的に日本の流通構造は卸売段階で販売が繰り返される長い（多段階）流通経路であることが指摘されてきた。その判断に用いられる指標が「W/R比率」（WはWholesaleで卸売業者，RはRetailで小売業者を示す）であり，「年間卸売総販売額／年間小売総販売額」で算出される。卸売が多段階であると，この数字が大きくなる。

　①のパターンの中で，卸売機能を果たす組織がメーカーのグループ会社という場合もある。それらは独立の卸売業者ではなく，当該メーカーの製品だけを取り扱う販売会社で「販社」と呼ばれている。たとえば，花王（株）の場合，独立の卸売業者を経由するのではなく，花王グループカスタマーマーケティング（株）が販社として卸売機能を果たしている。

　パターン①のほかに，②メーカー―小売業者―消費者，③メーカー―消費者がある。②のメーカー―小売業者―消費者のパターンは，大規模小売チェーンや自動車メーカーのディーラー制度が代表的な例である。

正規ディーラーは独立した別の企業でありながら当該メーカー専門の
チャネルとして消費者への販売を担う。③のパターンはメーカーがダイ
レクトに消費者に販売するもので，流通経路としては最も短い。メー
カー直販はその仕組みを構築したり維持するためのコストがかかるが，
販売活動を直接管理できたり，顧客の声や情報を得ることでニーズに的
確に対応できるなどのメリットがある。

（2） マーケティング・チャネルの役割

　先述したとおり，マーケティング・チャネルは個々のメーカーが自社
製品を流通させるために構築するルートのことを指す。たとえば，花王
（株）は全国に組織された花王専門の卸売ネットワークを束ねる形で，
1999年に花王販売（株）（現在の花王グループカスタマーマーケティン
グ株式会社）を設立し，全国のスーパーやドラッグストア，その他の多
様な小売業者と効率的に取引を行うマーケティング・チャネルを構築し
た。こうした販社が小売店のチェーン本部や店舗などと取引契約を結ぶ
ことで，消費者に確実に製品が届けられるメーカーのマーケティング・
チャネルが完成する。

　マーケティング・チャネルはさまざまな役割を果たしている。1つ目
は，言うまでもなく，所有権の移転である。マーケティング・チャネル
はターゲットのもとに効率良く所有権が移転するために構築される。移
転のプロセスでは，需給の調整，つまり製品の受発注による商取引や市
場における製品流通量の調整などが行われている。メーカーが製品を製
造する時点と消費者がそれらを購買し消費する時点には時間的なラグが
あるため，この隔たりの中で需要と供給の状況を把握してバランスが図
られている。

　2つ目は物流機能である。マーケティング・チャネルは，所有権の移

転であるとともに物の移転経路でもあるため，製品の保管や運送によって，製造地点と購買地点を繋ぐ役割を果たしている。

3つ目は，情報収集および情報提供である。マーケティング・チャネルの構成員（チャネル・メンバー）は製品を流通させる過程でさまざまな情報を取得できる。それら情報はメーカーにとって大切な資源となる。たとえば，小売業者に寄せられる消費者からの苦情を，卸売業者が収集・整理してメーカーに伝達すれば，製品改良や新製品開発をする際のヒントになるだろう。卸売業者や小売業者の販売データも重要な情報であり，メーカーがそれらを購入しているケースも多い。チャネル・メンバーは情報を収集するだけでなく，メーカーからの情報を伝達・提供する役割も担っている。メーカーが作成したポスターやステッカーといった販促素材を，卸売業者を通じて小売業者に配布し，店頭で活用してもらったり，メーカーの営業担当者が小売店の販売員を教育して，消費者に適切な製品情報が伝達されるようにすることもある。

4つ目の役割は，金融・危険負担である。卸売業者・小売業者ともに，消費者が購入する製品を実際の購入発生時点より前にメーカー・卸売業者から仕入れて代金を支払う。これは，メーカーに資金を提供する金融機能を果たすとともに，商品が売れずに消費者から代金が回収できなかった場合の危険負担をしていることになる。

3. チャネルの構築

（1） 長さの決定

メーカーは製品を効率的にターゲット消費者へ販売するために，どのような経路で，どの流通業者をチャネル・メンバーとするかを決定しなければならない。これがチャネル構築である。チャネルを構築するにあたっては，まず，チャネルの長さを検討する。つまり，短いチャネルに

するのか，長いチャネルにするのかである。短いチャネルで，メーカーからダイレクトに消費者に販売しようとすれば，訪問販売や通信販売の仕組みを整えたり，メーカー直営店舗を設けることになる。

　メーカーから直接小売業者に販売する場合は，どの地域のどのような小売業者と取引するのかを決定する。たとえば百貨店といっても，高島屋なのか東急百貨店なのか，伊勢丹なのか，それぞれの特徴や取引条件などを考慮して決定しなければならない。

　メーカーから卸売業者・小売業者を経由する長いチャネルの場合も，どのような卸売業者・小売業者に自社製品を託すのか決定する。それによって，ターゲット消費者へどのようにリーチできるかが変わってくる。

（2）　幅の決定

　チャネルの長さを決めるとともに，チャネルの幅を決定する必要がある。チャネルの幅は，当該メーカーの製品を取り扱う流通業者の数を表しており，自社製品をどの程度の規模でどのように販売するかを左右する。チャネルの幅が広い＝仲介業者の数が多いことを意味し，この幅の違いによって「開放的チャネル」，「選択的チャネル」，「排他的チャネル」の３つの政策がある。

　「開放的チャネル」は，買い手との接点をできるだけ拡大する戦略であり，小売店への配荷率が売上に大きく影響する製品に適している。購買頻度が高い日用雑貨品などはどこのスーパー，ドラッグストアに行っても置いてある，買えるということが消費者にとって重要となるため，開放的チャネルを採用している場合が多い。

　開放的チャネルとは逆に，チャネルの幅を狭く絞る政策が「排他的チャネル」である。この政策は，一定の販売エリア内で当該製品を取り扱う流通業者を１つ（１社）に限定するもので，自動車や高級ブランド

などで採用されている。自動車の場合，購買時にさまざまな説明や手続きが必要であり，購買後も保守・メンテナンス等の技術サポートが求められる。また高級ブランドの場合，製品・サービスの厳密な管理やブランド・イメージの統一が不可欠であり，顧客との接点がブランドの評判や価値に影響する。したがって，どちらのケースもチャネルの数を絞り込まなければ対応が困難である。

　上記2つの政策の中間に位置するのが「選択的チャネル」で，自社製品を販売するのに適した仲介業者を選択する政策である。排他的政策ほどチャネルの幅を限定しないにしても，製品に関する情報やサービスの提供，ブランド・イメージの維持を重視しながら，販売の拡大を目指す。機能説明や付随サービス等を要する家電製品，化粧品，衣料品などは選択的チャネルを採用していることが多い。文字通りメーカーが業者を「選択」するため，たとえば「財務状態が健全で，地域内で高い信用を得ており，製品や顧客に対する知識を豊富に有している小売業者」のように，さまざまな条件に合致する流通業者を選択することができる。開放的チャネルに比べればメーカーがチャネル・メンバーを統制しやすく，メンバー間の対立も少ないと言われる。

（3）　結びつきの決定

　メーカーは自社製品の流通に関わるチャネル・メンバーと何をベースにどのような関係を構築するか決定しなければならない。メーカーと流通業者は消費者に製品を届けるという観点から見ると，1つのシステムであり，その内部がどの程度統合されているかによって「企業型」「契約型」「管理型」の3つに分類することができる。1つ目の「企業型」は，メーカーが販社や直営店を設立して製品を流通させるパターンを指す。異なるチャネル段階，つまり卸段階や小売段階をメーカーが内部組

織化することによって，メーカーは消費者に到達するまでのプロセスを確実にコントロールできる。しかし，これにはデメリットも伴う。販社や直営店を設立したり運営したりするには膨大なコストがかかるうえ，環境や条件が変わったときに迅速かつ柔軟に対応することが難しい。

　2つ目の「契約型」は，厳密な契約によってチャネル・メンバーに自社製品の販売を委託するパターンを指す。メンバーは特定メーカーの製品を優先的に販売する見返りに，特別なリベートや資金援助，有益な情報を獲得できたりする。

　3つ目の「管理型」は，卸・小売段階ともに取引を特定業者に定めない最も緩やかな統制パターンを指す。チャネルのコントロール費用は抑えられるが，独立した流通業者は同業他社の製品も自由に扱うため，自社の思い通りに取引ができるとは限らない。製品ラインやアイテムの数が多く，市場カバレッジの広さが重要となる消費財メーカーではこの管理型の統制パターンが多く見られる。

4．チャネルの管理

　メーカーは，自社の戦略をチャネル・メンバーが十分理解し，適切に実行してくれることを期待する。メンバー間に対立が生じてターゲット消費者へ製品を提供するルートが機能不全に陥らないよう，メンバーとの良好な関係を維持し，全体をうまくコントロールしなければならない。それがチャネルの管理である。マーケティング・チャネルは構築するだけでなく，適切に管理してこそ真価を発揮する。

（1）　パワー・コンフリクトモデル

　チャネルの構成員であるチャネル・メンバーは売り手と買い手の関係にあり，本質的に互いの利害が対立しやすい。ほかのメンバーによって

自分の目標達成が妨げられると感じたり，実際に起こるとコンフリクトが生じる。スムーズな取引と市場への安定的な製品供給のためには，チャネル・リーダーがメンバーを適切に統制・管理してコンフリクトを解消したり未然に防止したりしなければならない。その際，いくつかの有効な「パワー」を用いることができる。ここでいうパワーとは，あるチャネル・メンバーが他のメンバーの意思決定に影響を与える能力を指す。パワーはその源泉によって5つのパワー資源に識別されており，こうしたパワー資源とコンフリクトの因果関係を分析するのがパワー・コンフリクトモデルである。

　パワー資源の1つ目は「報酬パワー」である。このパワーは，メンバーの成果や能力に応じて報酬を与えることによって行使される。たとえば，メーカーが小売店の販売目標達成度に応じてリベートを提供する場合，小売店の努力にはこの報酬パワーが働いていると考えられる。2つ目は「制裁（強制）パワー」である。報酬とは逆に，リーダーの方針に従わないメンバーに対して制裁を与えることで行使される。たとえば，不当に製品を廉価販売した業者に対してメーカーが出荷停止の措置をとる場合があてはまる。3つ目は「正当性パワー」である。このパワーは，リーダーの方針や指示に従うべき義務があるとメンバーに認識させることによって行使できる。たとえば，契約を交わすなどしてメンバーが果たすべき役割や機能を明確に規定すれば，リーダーの指示に正当性が生まれる。4つ目は「一体化パワー」である。このパワーは，メンバーがそのチャネルの一員であることを誇りに思い，一体感を感じる場合に行使できる。たとえば，メンバーがメーカーの戦略や製品に対して深い理解や共感を示し，自ら販売促進に努めるような状況があてはまる。そして，5つ目は「専門性パワー」である。このパワーは，高い専門知識や有用な情報を持ち，それらをメンバーに提供することによって行使でき

る。たとえば，メーカーが小売店への販売支援を行ったり，販売情報シ
ステムを構築したりすることがあてはまる。

　リーダーはこれら5つのパワー資源を環境に応じて使い分け，チャネ
ル管理を行っている。

（2）　コンフリクトと協働

　パワー・コンフリクトモデルは根底に，メーカーが流通業者よりも強
い立場にあり，パワー資源を駆使して彼らをコントロールできるという
考え方がある。しかし，現実はそうだろうか。今や大規模小売チェーン
にパワーがシフトし，メーカーがチャネル・メンバーをコントロールす
る力は弱まっている。しかしながら，コンフリクト自体は常に存在し，
適切に対処されなければ，メーカーと流通業者の取引関係そのものが崩
壊してしまう。コンフリクトは主に次のような事柄が原因で生じる。①
利益配分の不均衡，②目標の不一致，③役割の不履行，④現実認識の相
違である。売買関係にあれば，販売するほうはできるだけ高く，仕入れ
るほうはできるだけ安く買いたいというのは当然で，チャネル・メン
バー間で利益配分の不均衡が生じるとコンフリクトにつながりやすい。
また，メンバーそれぞれの持つ組織目標が相容れないケースも対立を招
く。たとえば，メーカーは高級感のあるブランド・イメージの構築を目
標としているのに，小売業者が製品を店頭に大量陳列して販売数量の増
加を目標としている場合，双方の目標を両立させることは難しくコンフ
リクトを生じさせる。

　さらに，各チャネル・メンバーの役割とその責任が明確でなかったり，
役割についての同意が欠如していたり，期待される役割をメンバーが適
切に遂行しなかったりするとコンフリクトを招く可能性が高い。そして，
コミュニケーション上のコンフリクトに発展しやすいのが，現実認識の

相違である。チャネル・メンバーはそれぞれの価値観，基準で物事を捉え判断する。そのため，何か問題が発生した際もそれぞれの価値観に基づく情報の歪曲や省略が生じ，問題解決について大きく意見が食い違う恐れがある。

　このようなコンフリクトに対処する方法として，根本的にチャネル・メンバーとの関係を改め，長期志向的な協調関係を築くという考え方が広がっている。1990年代に登場してきた製販同盟やSCM（Supply Chain Management：サプライチェーン・マネジメント），プライベート・ブランドなどは，チャネル・メンバー間の緊密な連携と，長期的な戦略に基づく関係特定的投資を要する。信頼に基づく対等な関係の維持や，双方が互恵性を認識したうえで自発的に行う協働は，チャネルの効率と効果を高めるためにますます重要性を増している。

5. チャネルの変化

（1）　延期―投機理論

　ルイス・バックリン（1966）は「延期」と「投機」の概念を用いて，最も効果的なチャネル形態を探索するための枠組みを示した（「延期―投機理論」）。延期と投機は対になる言葉であり，延期はメーカーの流通に関わる意思決定（製品の生産から在庫形成まで）を実需が発生する消費地点にできるだけ近いところまで先延ばしすることを指す。一方，投機はそれらの意思決定を消費地点までの距離が遠い段階で前倒しして行うことを指す。

　表10-1は延期型と投機型の生産・流通システムについて，場所と時間の観点からまとめたものである。延期か投機かという意思決定は，生産活動と流通活動の2領域に関わる。さらに，それぞれについて時間と空間の観点から捉えると，合計で4つの意思決定が行われることになる。

表10- 1　延期―投機理論

＊いずれのセル内も「延期／投機」

次元＼領域	生産	流通
時間	受注生産／見込み生産	短サイクル／長サイクル
空間	分散生産／集中生産	分散在庫／集中在庫

出所：矢作（1996），p.161

表における各セルの中は２つに分割されており，左側に延期型システム，右側に投機型システムの内容が示されている。

【**生産活動領域**】　まず，メーカーの生産活動領域に関わる部分から延期と投機の考え方を理解していこう。時間の観点で生産活動を捉えた場合，延期型の論理に従うと生産は実需が発生してから開始する受注生産となる。受注ごとに対応するため在庫は発生しないが，納期までの時間が長くかかることに加え，小ロット生産となるのでコストがかさむ。一方，投機型の場合には需要予測に基づく見込み生産となる。一度に大量に生産するためコストが抑えられ，受注から納期までの時間も短いが，当初の需要予測が外れると大量の在庫を抱えたり，機会損失が生じたりすることになる。

　次に，空間の観点で生産活動を捉えると，延期型の場合は，生産拠点を消費者の購買地点に近づけるため多数分散生産となり，投機型の場合は原材料へのアクセスに優れた場所で少数集中生産となる。分散生産は，製品の販売地点近くで行われるため完成品納期までの時間が短くなるが，規模の経済性は享受できない。集中生産の場合はその逆となる。

【流通活動領域】 メーカーが生産活動について延期型を採用するか，投機型を採用するかは，チャネル・メンバーである流通業者との目標の合致や協働の可能性と密接に関連する。流通活動領域で重要な時間の観点は，納品リードタイムと店頭在庫期間の2つである。延期の論理に従えば，製品の発注をできるだけ購買地点まで引き延ばすため，納品までのリードタイムが短くならざるを得ない。また，流通の川下における在庫期間の短縮化で小ロット短サイクルでの物流が求められる。一方，投機の場合は，前もって行われる受注で納品までに十分なリードタイムを取り，川下での店頭在庫期間が長くなる。下流集中在庫となるため，物流のサイクルは長い。延期型の場合のコスト負担はメーカーがすることになるが，投機型の場合はそれが流通業者に転嫁される。

　空間の観点では，製品在庫の場所が問題となる。延期型の場合には消費者の購買拠点である店舗に近い場所で分散在庫となるが，投機型の場合には，生産拠点から近い場所に集中在庫される。分散在庫だと，店頭までの配送費用・配送時間が抑えられるが，配送拠点が増えるため全体的な流通費用は増大する。集中在庫の場合にはその逆となる。

　従来のメーカー主導型のチャネルにおいては，メーカーが規模の経済性を獲得すべく，投機の論理に従って生産・流通活動を行ってきた。メーカーの投機型の活動は，在庫のコストやリスクを流通業者に負担させる構造となっており，流通業者側からすると，できるだけそれらをメーカーに負担してほしいものである。互いが自分の利益だけを追求するならば，マーケティング・チャネルはうまく機能しない。今日では，消費者の多様なニーズやその変化に迅速に応えて利益を上げられるようメーカーと流通業者が協力して最適なチャネルを構築することが求められている。メーカーが実需近くの消費者ニーズを捉えて生産したとしても，それに応えて小ロット高頻度配送をしてくれる流通業者がいなけれ

ば，意味がない。また小売業者が無駄を省くために製品の発注を実需発生ぎりぎりまで遅らせたとしても，メーカーや物流の体制がそれに対応できる形を整えていなければ，納品が遅れて商機を逸することになる。つまり，延期の論理はメーカーや流通業者が個別に導入してうまくいくものではなく，双方がメリットを享受できるシステムとしてチャネル・メンバー全体で取り組んでこそ効果を発揮する。それゆえ，チャネル・メンバーの協調や協働がますます重要とされているのである。

（2）　オムニチャネル化

　マーケティング・チャネルは消費者を起点に大きく変わりつつある。先に学んだように，メーカーの製造や流通業者の配送は消費者のニーズや需要に対応するため投機型から延期型へと大きく転換を遂げている。さらに，今日のデジタル化した社会では，情報のやり取りがスムーズかつ低コストで行えることも手伝って，チャネルがより複雑化している。2000年頃から，それまで主流だったシングル・チャネルがマルチ・チャネルとなり，さらに2005年頃からは複数のチャネルが連携するクロス・チャネル，2010年頃からネットとリアルがシームレスにつながるオムニチャネルへと変化してきた。シングル・チャネルの時代にはリアル店舗が唯一の販路であり，消費者が製品を認知し，検討・購買するのはすべてこの店舗であった。マルチ・チャネルの時代になるとリアル店舗に加え，ECサイトのバーチャル店舗が登場するが，リアルとバーチャルそれぞれのチャネルは独立していて，クロスはしていない。クロス・チャネルになると，それまで1つのチャネルで完結してきた消費者の認知・検討・購買がバラバラに行えるようになり，ネットで情報探索して，リアル店舗で購入したり，その逆の現象も当たり前になった。ただし，クロス・チャネル化しても，店舗とオンラインストアやカタログ通販など

が相互に連動していることはなかった。つまり，リアル店舗とオンライ
ンストアやカタログ通販がすべて連動して，同じ消費者の購買行動を把
握するということはできなかった。リアルとバーチャルの間には明らか
な壁があったのである。

　しかし，今日ではさまざまな情報デバイスがシームレスな環境を提供
したことによりオムニチャネル化が進行し，消費者は製品と接点を持つ
場所も検討・購買する場所も思い通りにできる。購買に至るまでのプロ
セスにおいて製品とのタッチポイントは何通りにも組み合わせが可能と
なり，ネットとリアルも垣根がなくなっている。こうしたチャネルの変
化の背景には，スマートフォンなどの情報デバイスが普及して消費者の
行動が多様化したことに加え，ビッグデータと呼ばれるさまざまな大量
の顧客情報が個人の属性と紐づいた形で入手・分析できるようになった
ことも大きい。消費者が多様な購買オプションと自由を手にする背後で，
対応するメーカー・流通業者の戦いは熾烈さを増している。

学習課題

1. 特定の業界を取り上げて，その流通経路がどのような構造になっているか調べてみよう。またその中のいくつかの企業について，チャネル構築における差異があるかどうか，ある場合にはそれがどのような戦略に基づくものか考えてみよう。
2. メーカーと大規模小売業者の協働関係には具体的にどのようなものがあるか調べてみよう。また消費者にとってそのメリットとデメリットは何か考えてみよう。

参考文献

・宮副謙司（2010）『コア・テキスト 流通論』新世社
・石原武政・竹村正明（2008）『1 からの流通論』碩学舎
・矢作敏行（1996）『現代流通』有斐閣
・田村正紀（2019）『流通モード進化論』千倉書房

11 | マーケティング・コミュニケーション

| 石田大典

《目標＆ポイント》　どれほど優れた製品やサービスを開発したとしても，ターゲットとなる顧客がその存在を認識していなかったり，価値を認めていなかったり，あるいは購買時点で思い出してもらえなかったりする場合には売上へは結びつかない。そのため，マーケティングにおいてコミュニケーション活動は，製品やサービスの情報伝達という重要な役割を担っている。本章では，コミュニケーションに関する基礎的な理論や枠組みを中心に説明していく。

《キーワード》　コミュニケーション・プロセス・モデル，AIDA モデル，クチコミ，コミュニケーション・ミックス，プッシュ戦略，プル戦略

1. マーケティング・コミュニケーションとは

　コミュニケーション戦略とは，企業が自社自体あるいは自社の販売する製品やサービスについて消費者へ情報を発信し，説得し，そして想起させようとすることである。一般的にコミュニケーション戦略とは広告や販売促進といったプロモーション戦略を意味する。ところが，近年ではより広義にコミュニケーション戦略を捉えようとする考え方もある。具体的には，マーケティングの3つのPである製品・価格・流通もコミュニケーションの役割を担っているというものである。製品のパッケージは，消費者の注意を引いたり情報を伝達したりするだけでなく，ブランドの世界観を伝える重要な役割を果たしている。価格は消費者へ品質やプレステージを伝達する重要な手段である。流通チャネルもコ

ミュニケーションの役割を果たしている。製品がどこで販売されている
のかということは，消費者が製品のイメージを醸成するために重要な情
報となる。

　マーケティング・コミュニケーションの戦略的な目標は，以下の4つ
である。第一に製品カテゴリーに対するニーズの喚起である。特に，製
品ライフサイクルの導入期では，製品やサービスからもたらされる価値
を強調し，製品自体に対するニーズを拡大させなければならない。第二
にブランド認知の獲得である。ブランド認知において，ブランドを知っ
てもらうことだけに限らず，ブランドを覚えてもらうことも重要である。
第三にブランド態度の形成である。ブランド態度には，良いあるいは悪
いといった認知的な態度だけでなく，好きあるいは嫌いといった感情的
な態度もある。消費者に売場で選択してもらうためには良いという評価
だけでなく，他のブランドよりも好きという選好を獲得することが重要
である。第四に購買意図の向上である。コミュニケーション戦略の最終
的な目標は，ブランドの試用を促したり，競合他社からスイッチさせた
り，新たに購買させたりといった具体的な購買行動を引き起こさせるこ
とになるだろう。

2.　コミュニケーション・プロセス・モデル

　図11-1には，コミュニケーション・プロセスの基本的なモデルが示
されている。このモデルはシャノンとウィーバーによる通信機を用いた
コミュニケーション・モデルを基にして描かれている。まず，コミュニ
ケーションにおいては情報の発信者と受信者の存在が欠かせない。マー
ケティング・コミュニケーションでは発信者は企業，そして受信者は消
費者ということになる。メッセージやメディアはコミュニケーションの
手段を表している。発信者の情報が受信者にとって知覚可能な文字・映

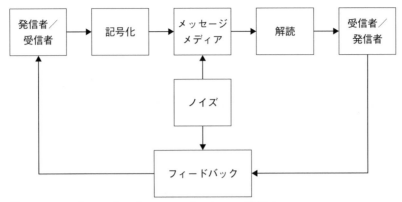

図11-1　コミュニケーション・プロセス・モデル

　像・音声などに変換されたものをメッセージという。メディアとは，メッセージを伝達する手段であり，テレビ・インターネット・新聞などが挙げられる。発信者の情報はメッセージへ記号化され，メディアを通じて受信者へ届けられる。一方，メディアを通じてメッセージに接触した受信者は，解読を行いその意味を理解して記憶に保持したり，好意的な態度や否定的な態度を抱くなどの反応を見せたりする。企業はコミュニケーションの効果測定によって，そうした反応をフィードバックとして受け取ることができる。

　コミュニケーションを阻害する主たる要因はノイズである。ノイズとは周囲の雑音や競合他社の情報など，発信者から受信者へのコミュニケーションを妨げる外部要因を指している。ノイズ以外の阻害要因として重要なのは，受信者である消費者自身の内部要因である。第一に，消費者は自らが関心のある情報にしか目を向けない。これを選択的注意という。たとえば，受験生や受験生の子を持つ親は電車内に掲示されている大学の広告に注目するだろうが，それ以外の消費者は必ずしもそうと

は言えない。第二に，消費者はメッセージに含まれていない情報を追加したり，異なる意味で解釈したりする選択的歪曲を行うことがある。メッセージに接触した際，消費者が自らの知識や信念に基づいてその意味を解釈するからである。インターネット上で特定の広告に対する批判が多く寄せられて炎上するという事態がしばしば起こるが，選択的歪曲によって企業の意図とは異なる理解がなされた結果であると考えられる。第三に，消費者はすべてのメッセージを記憶するわけではなく，一部しか保持されない。選択的注意を考慮すると，消費者にとって関心がある情報のほうが記憶されやすいことになる。また，選択的歪曲を考慮すると，肯定的であれ否定的であれ，記憶される情報は消費者の知識や信念に影響を受ける。このように，関心のある情報や信念を裏づけるような情報を記憶することを選択的記憶という。

このモデルはコミュニケーションのプロセスを単純化したものであるが，いくつかの重要な示唆をもたらしてくれる。第一に，コミュニケーションを設計する際には，受信者がどのような消費者なのかを明確化しなければならないということである。なぜならば，受信者が解読できるメッセージにするだけでなく，接触できるメディアを選択しなければならないからである。第二に，消費者のどのような反応を引き出したいのかについての目標を設定しなければならないということである。コミュニケーションは受信者に対して情報を伝達したところで終わりというわけではない。第三に，消費者の反応を測定する，すなわちコミュニケーション戦略の効果測定を行わなければならないということである。

3. コミュニケーションへの反応プロセス・モデル

消費者はマーケティング・コミュニケーションに対してどのように反応するのだろうか。図11-2は消費者のマーケティング・コミュニケー

	AIDA モデル	効果のヒエラルキー・モデル	イノベーションの採用モデル	コミュニケーション・モデル
認知段階	注目 ↓	知名 ↓ 理解 ↓	知名 ↓	露出 ↓ 受容 ↓ 認知的反応 ↓
情動段階	関心 ↓ 欲求 ↓	好意 ↓ 選好 ↓ 確信 ↓	関心 ↓ 評価 ↓	態度 ↓ 意図 ↓
行動段階	行動	購買	試用 ↓ 採用	行動

出所：コトラー，ケラー（2008）

図11-2　コミュニケーションの反応モデル

ションへの反応に関するいくつかのモデルが描かれている。これらのモデルに共通するのは，製品やサービスの購買における認知・情動・行動という一連の流れが示されている点である。ここでいう認知とは消費者が製品やサービスを知っていたり，その特徴を理解したりしていることを指す。情動には製品に対する良いあるいは悪いといった信念や好きあるいは嫌いといった態度が含まれる。行動とは，消費者が製品やサービスを試用したり購買したりすることである。一般的に，購買において認知・情動・行動という段階が踏まれるのは高関与な製品やサービスである。一方で，低関与の場合は認知・行動・情動という段階が踏まれることもある。洗剤や菓子などでは，広告で商品について知って，購買して消費したのちに良いか悪いかを判断するのである。したがって，図11-2の反応プロセス・モデルは高関与を前提としていることに注意が必要

である。

　AIDA は，反応プロセス・モデルの中で最も古いものの１つであり，Attention（注目），Interesting（関心），Desire（欲求），Action（行動）という４つのプロセスの頭文字をとったモデルである。欲求と行動の間に Memory（記憶）を追加した AIDMA というモデルも提唱されている。効果のヒエラルキー・モデルは広告効果を念頭に置いたモデルとなっている。このモデルの特徴は，情動段階がより詳細に捉えられている点である。好意とはブランドに対する態度が好意的かどうかである。選好とは他に好意を抱いているブランドよりも，当該ブランドに対してより強い好意を抱いているかどうかということになる。イノベーションの採用モデルは，消費者が新しい製品やサービスを取り入れるまでのプロセスを現したモデルである。他のモデルとの違いは，評価と試用の段階が取り入れられている点である。コミュニケーション・モデルは，前節のコミュニケーション・プロセス・モデルに基づいており，受信者である消費者が情報に接触してから購買という行動に至るまでが描かれている。

　インターネットの普及を受けて，近年では新たな反応プロセス・モデルがいくつか開発されている。広告会社の電通は，AISAS モデルを提唱している。AISAS モデルの特徴は，注目と関心の後に，消費者がインターネットを通じて検索（Search）し，購買後に製品やサービスの消費経験を SNS で共有（Share）するという段階を取り入れている点である。同様に，コトラーらは情報の探索と他者への推奨という段階を取り入れた５A モデルを提唱している。５A とは，認知（Aware）・訴求（Appeal）・調査（Ask）・行動（Act）・推奨（Advocate）の頭文字を取ったものであり，顧客が認知から購買し，他者へその評判を伝えるまでのプロセスを表している。

4. インターパーソナル・コミュニケーション

消費者が製品やサービスに関する情報を得るのは，広告や企業のホームページだけではない。家族や友人，そしてインターネット上の見知らぬ人々も重要な情報源となる。ニールセン社が2015年に実施した広告信頼度グローバル調査によると，知人の推薦を信頼する人の割合は83%であり，インターネット上のクチコミを信頼する人は66%であり，どちらもテレビ広告を信頼するといった人の割合（63%）を上回っていたという。クチコミとは，個人が他者に向けて企業や製品・サービスに関する情報を発信する行為を指す。

クチコミに対する信頼度が高い理由は主に2つある。第一に，情報の発信者が中立的な立場であると消費者からみなされているからである。中立的な立場からの発言なので，製品やサービスを売り込もうとする意図はなく本音だと捉えられる。第二に，使用経験者の生の声であると消費者からみなされているからである。実際に製品やサービスを使用した消費者の感想であり，その声は誰かに編集されたものではない。

また，クチコミの影響力は相手との関係やクチコミの内容に左右されることが明らかとなっている。クチコミの受信者にとって，発信者との人間関係が深いほど，似ている点が多いほど，信頼できる相手ほど，その効果はより強くなる。友人や家族，自分と境遇が似ている人，専門知識を持っている人などを思い浮かべてほしい。彼／彼女らの発するクチコミのほうがより信頼できる情報であると感じる人も多いはずである。クチコミの内容としては，肯定的なクチコミよりも否定的なクチコミのほうが拡散しやすいことが挙げられる。SNSで炎上するのは大半が悪いニュースであり，良いニュースで爆発的に情報が拡散されることはあまりない。

インターパーソナル・コミュニケーションを念頭に置いた代表的な戦略には，インフルエンサー・マーケティングとバズ・マーケティングが挙げられる。インフルエンサー・マーケティングとは，特定のコミュニティ内において影響力の大きなインフルエンサーを見つけ出し，自社の製品やサービスを紹介してもらうというマーケティング手法である。近年では，著名なユーチューバーやインスタグラマーを用いてインフルエンサー・マーケティングを行う企業が増えている。バズ・マーケティングとは，自社の製品やサービスについて消費者がクチコミするように，コンテンツや話題を提供するマーケティング手法である。たとえば，SNS上で自社商品の人気投票を行ったり，懸賞を行ったりするなど，さまざまなバズ・マーケティングのキャンペーンが行われている。

5.　コミュニケーション・ミックス

マーケティング・コミュニケーションの代表的な手段は，広告，人的販売，パブリシティ，セールス・プロモーションの4つである。これらを総称して，コミュニケーション・ミックスと呼ばれる。アメリカマーケティング協会によると広告は，「明示された広告主による商品・サービス・アイデアに関する非人的な提示とプロモーションであり，しかも有料形態をとるもの」として定義される。この定義のポイントは次の3つである。第一に，広告主が明示されているかどうかということである。第二に，非人的なプロモーションであるということである。したがって，営業担当者などの人的なプロモーションは広告に含まれない。第三に，有料形態であるということである。したがって，報道やクチコミなど無料で行われるものは広告には含まれない。

人的販売とは，営業担当者や販売員が商品やサービス，あるいは企業に関する情報を消費者や流通業者に口頭で伝達する活動である。人的販

売の特徴は，相手に合わせてコミュニケーションをカスタマイズできる点と双方向のコミュニケーションができる点である。消費者の属性や関与などは多様であり，最適なメッセージも異なる。人的販売では，消費者の特徴を見極めたうえで適切な情報を適切な方法で伝えることができる。加えて，人的販売では消費者や流通業者の担当者と直接やり取りできるため，ニーズに関する情報を収集することもできる。人的販売のデメリットは，営業担当者と販売員の育成や管理にコストがかかる点である。

パブリシティとは，自社に関する情報がマス媒体やインターネットのニュースとして取り上げられるように，報道機関に対して働きかける活動である。マス媒体などで取り上げられるという点において広告と同様の効果が期待されるが，無料であることが大きく異なる。また，ニュースとして取り上げられるため，客観性が高く，受け手が信頼しやすいという特徴もある。一方で，掲載や放送の決定権は報道機関や媒体の側にあり，必ずしも自社の情報が取り上げられるとは限らない。パブリシティと広告の中間的な存在に，ペイド・パブリシティがある。ペイド・パブリシティとは広告料を支払ったうえで自社のPR記事を掲載してもらったり放送してもらったりすることである。

セールス・プロモーションとは，消費者や流通業者による製品やサービスの購買という直接的な行動へ働きかける活動であり，広告・人的販売・パブリシティを除くものである。値引きやクーポンといった価格プロモーションやサンプリングや懸賞といった非価格プロモーションなど，セールス・プロモーションにはさまざまな形態がある。セールス・プロモーションの特徴は，消費者の購買という行動に強く訴えかける点である。

コミュニケーション・ミックスの4要素と消費者の購買プロセスの関

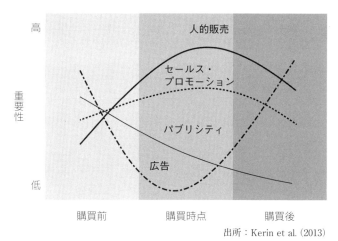

出所：Kerin et al. (2013)

図11- 3　購買プロセスとコミュニケーション・ミックス

係性を示したものが図11- 3である。購買前の段階では，広告やパブリシティが潜在顧客に対して企業や製品サービスに関する情報を伝達するのに大きな役割を果たす。また，サンプリングのようなセールス・プロモーションは顧客の知覚リスクを低減する。購買時点の段階では，人的販売による説得やセールス・プロモーションによる購買刺激が有効となる。購買後の段階では，人的販売や広告が消費者の認知的不協和低減に寄与する。販売員によってフォローされたり，広告に接触したりすることによって，消費者は自らの選択をより正しいものと感じ，より満足するだろう。販売後においてもセールス・プロモーションは重要である。なぜならば，次の購買を引き起こすリマインダーとなるからである。

　人的販売であれば営業部門，製品広告であれば事業部門，パブリシティであれば広報部門といったように各コミュニケーション手段を管理する部門は異なることが多い。したがって，コミュニケーション手段間でメッセージが異なってしまう場合もある。購買プロセスの各段階にお

けるコミュニケーション手段の役割を考慮すると，コミュニケーション戦略においては各手段を適切に組み合わせるだけでなく，統一的なメッセージを訴求しなければならない。コミュニケーション手段を統合し，標的顧客にとって価値のあるコミュニケーションを行おうとする考え方を統合型マーケティング・コミュニケーションという。統合型マーケティング・コミュニケーションでは，各手段を超えた統一的なメッセージを展開することや，顧客に価値をもたらすコミュニケーションというアウトサイド・インの視点が強調される。

6. プッシュ戦略とプル戦略

　コミュニケーション・ミックスを設計するうえで，どのコミュニケーション手段に対してどれほど経営資源を投入するのかといった資源配分の意思決定をしなければならない。これには，プッシュ戦略とプル戦略という2つの方針がある（図11-4）。プッシュ戦略とは，流通業者に自社製品を扱うよう説得し，さらに消費者に対してプロモーションするように推奨するコミュニケーション戦略である。流通業者に対する営業活動と流通業者向けのセールス・プロモーションがプッシュ戦略の中心となる。取引関係における川上から川下へ製品を押し流していくイメージである。

　プル戦略とは，メーカーが消費者に対して自社製品を訴求し，選好を持たせて指名購買を促進するコミュニケーション戦略である。消費者が指名購買することで，流通業者も自社ブランドを積極的に仕入れようとすることが期待される。テレビ，新聞，そしてダイレクト・メールなどによる広告や消費者向けのセールス・プロモーションがプル戦略の中心である。川上が起点となるプッシュ戦略とは異なり，プル戦略は川下からの需要が起点となって川上から製品を引っ張っていくイメージである。

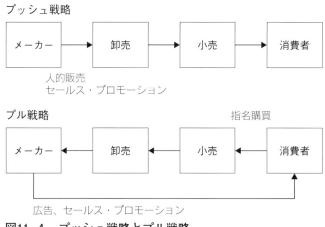

図11-4　プッシュ戦略とプル戦略

　通常，プッシュ戦略とプル戦略はどちらか一方を採用するというので
はなく，どちらに重点を置くのかという意思決定が行われる。たとえば，
消費財企業の多くは，広告の展開によって消費者の選好を獲得しようと
する一方，営業活動によって流通業者の取扱いを拡大させようとしてい
る。生産財企業では，プル戦略よりもプッシュ戦略に重点が置かれる傾
向にあるが，マイクロプロセッサのインテル社のように，広告によって
自社ブランドを構築させようとする企業も存在する。

学習課題

1．企業のコミュニケーション活動を 1 つ取り上げ，ノイズとなり得る
  ものには何があるかを考えてみよう。
2．みなさんが「これは良い製品・サービスだけで，あまりヒットして
  いない」と思うものを 1 つ取り上げ，広告の反応プロセスのどこに問
  題があるのかを考えてみよう。
3．インフルエンサーを用いたコミュニケーション活動について，具体
  的な事例を探し，その効果について分析してみよう。

参考文献

・Kerin, Roger A., Steven W. Hartley, and William Rudelius (2013), *Marketing*,
  11th ed., McGraw-Hill.
・石崎徹（2016）『わかりやすいマーケティング・コミュニケーションと広告』八
  千代出版
・岸志津江，田中洋，嶋村和恵（2000）『現代広告論』有斐閣
・フィリップ・コトラー，ケビン・ケラー（2008）『コトラー＆ケラーのマーケ
  ティング・マネジメント』ピアソン・エデュケーション
・フィリップ・コトラー，ヘルマワン，カルタジャヤ，イワン・セティアワン
  （2017）『コトラーのマーケティング4.0』朝日新聞出版
・山本晶（2014）『キーパーソン・マーケティング』東洋経済新報社

12 | プロモーション戦略

井上淳子

《**目標＆ポイント**》 マーケティング・ミックスの一要素であるプロモーションに焦点を当て，企業が用いるコミュニケーションの主な手段とその特徴を理解する。また広告やセールス・プロモーションの目標設定と成果の測定方法について学ぶ。
《**キーワード**》 広告，販売促進（SP），PR，パブリシティ，人的販売

1. プロモーションの重要性

　企業がいかに優れた製品・サービスを作ったとしても，その存在と魅力を消費者に伝えることができなければ，売上には繋がらない。消費者の多くは，知らないブランドの製品・サービスを購入しようとしないし，存在が知られていなければ，入手したいという欲求を抱いてもらうこともできない。どうしたら自社の製品・サービスの存在を消費者に認知させ，関心を持ってもらい，購買意欲を掻き立てることができるのだろうか。この問いに対する答えはプロモーション，つまり企業と消費者とのコミュニケーションにある。企業は，どのように消費者に語りかけるか，またその際どのような方法や手段を用いるかを考え，計画する必要がある。

　マーケティング・ミックス４つ目のＰのプロモーションには，需要喚起に関わるあらゆる活動が含まれる。企業や製品・サービス，ブランド，技術などに関するさまざまな情報を伝達し，イメージの向上や購買

行動の促進を図る全ての活動である。

　その手段として，前章で学んだコミュニケーション・ミックス，つまり広告，セールス・プロモーション，PR，パブリシティ，人的販売などが用いられる。現代では，情報技術の進歩によって，企業と消費者との接点である「コンタクト・ポイント」は増加・多様化の一途をたどっている。企業は適切な手段とタイミングで消費者へアプローチし，彼らの心理と行動に働きかけるために，プロモーション・メディアをうまく組み合わせて効果を最大化するように戦略を立てなくてはならない。

　それぞれのプロモーション手段について，具体的な内容と特徴を理解するとともに，企業のプロモーション戦略がどのように展開されるのか学んでいこう。

2. 広　告

　広告は，メッセージの送り手である広告主が有料の非人的メディア（媒体）を通じて多くの人々に情報を伝達したり，説得したりするための手段である。広告主は営利企業に限らず，非営利組織や政府機関・個人も含まれる。これらの広告主は明確なメッセージの受け取り手，つまりターゲット・オーディエンス（視聴者）を想定しており，彼らによりよく情報が伝達できるように媒体を選択したり，メッセージの内容を工夫したりする。メッセージの対象は，製品・サービス，組織，アイデアなどで，企業が販売している製品・サービスの他に，その企業や組織自体，さらに「投票」や「がん検診の受診」といったアイデアも対象となり得る。広告主は，テレビや新聞などの広告スペースや時間枠を購入して，ターゲットに届けたいメッセージを掲載したり放送したりしてもらう。媒体の広告枠の取引や，広告主とともに効果的なメッセージを考案する仕事は広告会社が担っている。

　広告の特徴は，テレビCMを思い浮かべるとわかるように，一度に多くのそして幅広い層の消費者にアプローチできたり，メッセージを繰り返し届けることが可能な点にある。企業名やブランド名を消費者に認知してもらいたい，一貫した企業イメージやブランド・イメージを普及させたいという場合に効果的な手段である。

（1）　広告の種類

　広告の目的や役割は一義的ではなく，何を消費者に訴えるかによっていくつかの種類に分けられる。まず，広告対象の観点からは「製品広告」と「企業広告」に識別することできる。前者は特定の製品・サービスについて，その特徴や他のブランドとの差別性を訴求するものである。一方，後者は企業の理念や姿勢を示しイメージや好感度を向上させることを意図したものである。

　広告目的の観点からは，「情報提供型広告」「説得型広告」「比較広告」「リマインダー型広告」に分類できる。「情報提供型広告」は，文字通り製品やサービスについての情報を提供する目的で展開される広告である。特に新製品の導入期においてよく用いられ，製品の使用方法やベネフィットを伝達することで需要を創造することを目指している。「説得型広告」は当該製品やサービスがいかに品質面，コスト面で優れているかを訴求し消費者に理解してもらうための広告である。消費者を説得し，購買に繋げることを目的としている。「比較広告」は，自社ブランドと競合ブランドとを直接あるいは間接的に比較する広告を指す。欧米では，ウィットを効かせて展開されることが多く，オーディエンスにも好意的に受け取られるが，日本では対象となるブランドを明示して行う比較広告は一般的ではない。比較広告をすることによって消費者の反感が自社ブランドに向けられるなどのマイナスの影響が懸念されるからである。

「リマインダー型広告」は，ブランドや企業の存在をリマインドする目的で行われる広告を指す。消費者に十分浸透しているブランドであっても，市場には続々と新製品が参入してくるため，消費者に自社ブランドを忘れられてしまわないように行うものである。製品ライフサイクルの成熟段階にあるブランドが，消費者の好意的な態度やブランド・ロイヤルティを維持するために用いられる。

（2） 広告媒体の種類と特徴

　すべての広告は広告メディアを通じて消費者に届けられる。代表的なメディアには，テレビ／新聞／雑誌／ラジオなどのマス４媒体，インターネット，ダイレクト・メール（DM），屋外・交通（OOH: out of home）などがある。メディアに対してビークル（vehicle）とは，フジテレビや日経新聞のような特定の銘柄を指す。広告主は，目的およびターゲットに照らして，最適なメディア，ビークルを選択し，それらを組み合わせて広告キャンペーンを実施する。この組み合わせは，メディア・ミックスと呼ばれる。メディアにはそれぞれ特徴があるため，それらを理解したうえでメディア・ミックスを決定する必要がある。表12-1には，主要な広告メディアの特徴がまとめられている。

　近年，企業の広告予算に占めるインターネット広告の割合はますます大きくなっている。過去10年を振り返ると，マス４媒体の市場規模は縮小・低迷気味であるのに対して，インターネット広告費は毎年二ケタの成長を遂げている。インターネット広告は伝統的なメディアによる広告と特徴が大きく異なる。まず，伝統的メディアの広告が消費者へ一方的に情報を流すだけなのに対して，インターネット広告は企業からの情報に反応して，消費者がさらなる情報にアクセスするなどの双方向型のコミュニケーションが可能という点である。また，テレビ広告などは消費

表12- 1　主な広告媒体の特徴

媒　　体	長　　所	短　　所
テレビ	・広いカバレッジ ・映像と音声による柔軟な表現力 ・広告露出当たりのコストが低い ・親しみやすさ ・反復性が高い	・広告料金が高い ・セグメントしにくい ・メッセージが短命
新聞	・広いカバレッジ ・信頼性が高い ・反復性が高い ・詳細情報の提供が可能	・視覚のみによる訴求 ・メッセージが短命
雑誌	・セグメント可能 ・保存可能 ・高品質なカラー印刷 ・詳細情報の提供が可能	・視覚のみによる訴求 ・到達範囲が狭い
ラジオ	・低コスト ・セグメントが可能	・音声のみによる訴求 ・メッセージが短命
OOH（屋外）	・高い反復率 ・高い注目率	・接触場所が限定的 ・情報量が少ない
ダイレクト・メール	・対象者の絞り込みが可能 ・情報量が多い	・接触あたりのコストが高い
インターネット	・双方向性がある ・消費者が能動的に接触 ・次のアクションへのスムーズな誘導が可能	・メッセージが短命 ・運用に知識・技術を要する

出所：和田・恩藏・三浦（2016），p.243を一部加筆修正。

者がそれを視聴したとしてもきわめて低関与で受動的な行動であるのに対し，インターネット広告の場合はウェブ上の消費者の行動に合わせて広告を露出できるため，消費者の関与が高い状態で彼らの能動的な行動を引き出しやすい。

　インターネット広告の種類はさまざまで，ウェブ広告／メール広告／

ストリーミング広告（動画広告）／モバイル広告／リスティング広告などがある。ウェブ広告は，ウェブサイト上の広告スペースに画像や文字で表示されるものが一般的だが，近年では編集タイアップ型の記事広告（ネイティブ広告）などもよく用いられている。メール広告は電子メールを使って配信されるもので，メールマガジンやダイレクトメールの形で消費者に送られる。ストリーミング広告は，ウェブ上の広告スペースで動画を再生する手法で，Youtube などの動画配信サービスで本編の前や途中に流れる広告が代表例である。モバイル広告は，スマートフォンなどモバイル端末向けの広告を指す。SNS を通じた広告や位置情報サービスを活用したジオターゲティング広告など，近年最も発展を見せている分野と言える。リスティング広告は，Google などの検索エンジンを利用した広告を指す。消費者が検索したワードと関連した広告が検索結果のところに表示されるという仕組みで，消費者の関心事と結びついているためにクリックされやすい。リスティング広告の場合，広告主は広告スペースではなく，特定のワードを購入する。

　インターネット，スマートフォンの普及によって，新しいコミュニケーション・メディアやプロモーション手法が数多く生み出されている。従来のメディア・ミックスの考え方は，テレビ，ラジオ，新聞，雑誌，OOH などのメディアをシームレスに組み合わせて，効率的に消費者にリーチすることを主軸としていた。1980年代に登場した IMC（Integrated Marketing Communication）はまさにこの重要性を唱えた概念で，広告だけでなくセールス・プロモーション，パブリック・リレーションズ，パブリシティ，人的販売などプロモーション・ミックスの各要素を個々独立に実施するのではなく，統合的に行ってこそその効果を最大化させることができると説いている。

　近年は，従来からあるメディアや手段にインターネットを組み込んだ

クロスメディアという発想が注目されている。メディア・ミックスが，無駄や重複なく消費者にリーチするためのメディアの組み合わせである一方，クロスメディアは複数メディアを掛け合わせて相乗効果を狙うとともに，購買に向けた消費者の能動的な行動を引き出そうとする。メディア・ミックスは一般に，さまざまな顧客接点で同じ内容のメッセージを露出するが，クロスメディアはメディアごとに最適な内容を露出してシナジーを生み出し，コミュニケーション効果の最大化を図る。消費者の視点でコンタクト・ポイントを捉え，コミュニケーション全体をデザインすることで，消費者の認知，態度，そして行動に働きかけることができる。

（3）　広告効果と測定指標

　広告を出稿したら，その効果がどうだったかを知りたいのは当然である。しかし，広告効果の測定は容易ではなく，特に売上に対するマス広告の効果は，製品特性や価格，競合他社の行動などその他の要因の影響が計り知れず，純粋に抽出するのは困難である。ただし，ダイレクト・マーケティングやインターネット広告などで消費者の行動をトラッキングできる場合には，広告接触による購買への影響が把握しやすい。

　表12-2は，広告効果を段階ごとに識別し，各効果を測定するための指標をまとめたものである。広告の効果を購買だけに求めるのではなく，段階ごとの多様なプロモーション効果として捉えている。情報伝達を目的とした広告接触や認知の段階では，どれだけの人がその広告を見聞きしたかを表す視聴率やブランドの知名率などが効果の測定指標となる。ブランドの知名率は広告実施の前後で比較すると効果を把握できる。選好の段階では，消費者に自社ブランドを好きになってもらったり，選択してくれるよう説得することが意図される。この場合，広告によって好

表12-2　広告効果の段階と測定指標

段階	測定指標	広告の機能
接触（露出）	・視聴率 ・閲読率 ・注目率	情報伝達
認知	・広告認知率 ・知名率 ・理解率	
選好（態度）	・好意度 ・選好度	態度変容 （説得）
購買	・購買意向率 ・購買率	リマインド （想起）
購買後	・満足度 ・推奨意向率 ・再購買意向率	態度維持

出所：上田・守口（2004），p.163を一部修正。

意度や選好度がどれほど向上したかが効果の指標となる。購買への影響を測る場合には，消費者にブランドの存在を常に認識させておくためのリマインダー型の広告によって購買意向率や実際の購買率がどう変化したかを把握すればよい。さらに，広告は消費者の購買以降も彼らの態度を維持したり，経験を上書きする機能を果たす。基本的に満足度や再購買意向，他者への推奨意向は消費者自身の経験が左右するが，広告によって認知的不協和が解消され，好意的な態度が強化されることもあり得る。

3．セールス・プロモーション（SP）

　セールス・プロモーションは「製品やサービスの購買を促進するための短期的な動機づけ」である。企業は短期的な売上増を狙って，値引きやクーポン，増量パックといったさまざまな方法で消費者に刺激を与え

る。広告が，消費者の認知や関心に働きかけ，その結果として購買を引き出そうという長期的な視点を持つのに対して，SPは刺激によって即時的な販売を目指す短期志向である。

　メーカーの立場から見ると，セールス・プロモーションを行う対象は，流通業者と消費者の二者である。消費者に購買してもらうためにメーカーと消費者の間にいる流通業者に働きかける戦略をプッシュ戦略，直接メーカーが消費者に働きかけて購買を引き出す戦略をプル戦略と呼ぶ。プッシュ戦略は，メーカーが流通業者に対して店頭で自社製品を積極的に販売してくれるよう働きかけるもので，たとえば，メーカーが特別出荷による値引きを提供すると，スーパーの店頭では当該メーカーの製品が棚の目立つ位置に陳列されたり，店員が消費者に積極的に勧めたりするようになる。プル戦略は，消費者自らがその製品を求めて店頭に行くようメーカーが直接消費者に働きかけるもので，流通業者からプッシュするのではなく消費者側からの引き合い（＝プル）があることを意図している。

（1）　セールス・プロモーション（SP）の分類

　SPには多様な手段があるが，それぞれの特徴に従って，①価格訴求型，②情報提供型，③体験提供型，④インセンティブ提供型に分類することができる（表12-3）。

【価格訴求型SP】　価格訴求型SPは，価格を低下させたり，価格はそのままに内容量を増加させることによって値ごろ感を打ち出したりして，売上の増加を目指す手法である。消費者向けであれば，値引き／増量パック／クーポン／キャッシュバック／バンドリング（商品のセット販売）を提供し，通常よりも消費者の支払い負担を軽減することで，購買を誘発しようとする。

表12-3　セールス・プロモーション（SP）の種類

分　類	メーカーによる消費者向け SP	メーカーによる流通業者向け SP	小売業者による消費者向け SP
価格訴求型	・キャッシュバック ・クーポン ・増量パック ・バンドリング	・アローワンス ・特別出荷（増量，値引き）	・値引き ・クーポン ・バンドリング
情報提供型	・ダイレクトメール	・トレードショー	・チラシ ・店頭 POP ・特別陳列
体験提供型	・サンプリング ・モニタリング	・サンプリング	・デモンストレーション
インセンティブ提供型	・オープン懸賞 ・クローズト懸賞 ・プレミアム ・コンテスト ・セルフ・リキデーション ・FSP	・コンテスト ・販売助成	・スタンプ ・FSP ・スピードくじ

出所：上田・守口（2004），p.23。

　流通業者向けの価格訴求型 SP は，アローワンスと特別出荷が代表的な例で，アローワンスは協賛金や販促金といった金銭的な補填を指す。特別出荷は取引の際に出荷量や納入金額の面で優遇することである。
【情報提供型 SP】　情報提供型 SP は，消費者や流通業者に対して製品やサービスの詳細情報を提供することによって売上の拡大を目指す手法である。消費者向けには，ダイレクト・メールの送付やチラシの配布，店頭で目にする POP（point of purchase）広告や特別陳列などがある。
　流通業者向けの情報提供型 SP としてはトレードショー，いわゆる見本市が挙げられる。メーカーや取引業者などが集まる商品見本市では，企業がブースや展示スペースを設けて製品・サービスを紹介し，その場

で商談を行ったり，取引の機会を発掘したりする。

【体験提供型SP】　体験提供型SPは，製品やサービスを実際に使用する機会を提供して，その後の購買を促進する手法である。試供品を配布するサンプリング，モニターを募るモニタリング，店頭で行われるデモンストレーションなどが挙げられる。サンプリングは街頭や店頭で配布されたり，別の製品の購買時に付いてきたり，家庭に郵送されたりする。実際に製品を試用してもらうことで，競合製品との違いや製品のベネフィットがよりよく伝わると期待される。モニタリングは消費者からモニターを募集し，製品・サービスを一定期間利用してもらうことで，使用に関するフィードバックを得る手法である。モニターからの声は製品やサービスの改善に繋げることができる。デモンストレーションは店頭などで行われる実演を指す。実演者が実際の製品を用いて行うため，製品の機能や使用方法をわかりやすく伝えることができる。

【インセンティブ提供型SP】　インセンティブとはある行動を動機づける刺激のことで，この場合は購買行動への刺激を意味する。消費者向けSPで用いられるインセンティブとして，プレミアムの提供，くじ引きや懸賞，コンテストの実施，セルフ・リキデーション（自己精算方式）やフリークエント・ショッパー・プログラム（FSP: frequent shopper program）の採用などがある。懸賞にはオープン型とクローズド型があり，前者は購入者に限定せず誰でも応募できる懸賞で，後者は対象製品を購入した消費者がその証明としてシールやバーコードなどを集めて応募するものである。

　プレミアムは，いわゆる「おまけ」のことを指す。製品パッケージの中に封入されているインパック・プレミアムやパッケージに添付されているオンパック・プレミアムがある。魅力的なプレミアムや，蒐集意欲を刺激するシリーズ化されたプレミアムの場合には，プレミアムの獲得

を目的に製品を購入する消費者も現れる。

コンテストは，特定のテーマで消費者から応募を募り，優秀な作品に対して賞品や賞金が提供されるものである。直接的に購買を刺激するというよりは，ブランドの認知度を高めたり，馴染みを醸成してもらう目的で行われる。消費者向けにも流通業者向けにも展開されるプロモーション手法である。消費者向けではレシピや写真のコンテスト，流通業者向けではディスプレイ・コンテストなどが挙げられる。

セルフ・リキデーションは，定められた金額以上の購入証明に加え消費者が費用の一部を負担することによって，プレミアムが必ず入手できるという仕組みのことを指す。この方式であれば，プレミアム提供のための購入金額をそれほど高く設定することなく，かつ高価なものを提供することができる。この手法は製品の購入に追加して一定額支払ってもよいと思うようなブランドの熱烈なファンが存在するか，プレミアムの魅力が高い場合に有効である。

フリークエント・ショッパー・プログラムは購買頻度の高い消費者を優遇するための仕組みで，リピーターを育て維持するのに効果を発揮する。アメリカの航空会社が始めたフリークエント・フライヤー・プログラムが原型で，今日ではさまざまな業界，業態で採用されている。

（2） SP の目標設定と効果測定

ここまで見てきたように，SP には多様な手法がある。企業はその目的やターゲット，具体的な数値目標，実施期間や予算などを総合的に考慮して，SP 戦略を策定しなければならない。そのためにはまず，目的を明確にし，具体的な数値目標を設定する必要がある。そして目標達成のためのターゲットを定めた後，予算に応じて実施期間や規模を決定して実行し，プロモーション終了後には効果を検証する。

　メーカーがプロモーションを実行する際，何を主たる目的・目標に掲げるのかによって，採用する手法が異なってくる。つまり，目的や目標をメーカーの販売の視点で設定するのか，消費者の購買行動の視点で設定するのか，さらにはブランド育成の視点で設定するのかである。

【販売視点の目標と効果測定】　販売視点の目標とは，SP 実施期間中の販売金額や販売数量・市場シェア・利益額の増加などである。販売金額や販売数量，市場シェアの拡大を目指す場合は，価格訴求型プロモーションを採用すると即時的な効果を得やすい。ただし，大幅な値引きプロモーションを行って販売数量を増加させても，利益の減少というトレードオフが生じることに注意が必要である。また，頻繁な値引きは消費者の内的参照価格（当該製品やサービスに関する消費者の記憶の中にある価格イメージで，実際の価格と比較して「高い」「安い」のような感覚を生じさせるもの）を低下させ，通常価格での販売を困難にする。値引き幅についても，消費者が慣れてくると，同額の値引きでは反応しにくくなるため，さらなる刺激を与えるために値引き幅を大きくせざる得なくなる。これは長期的に見ると売上，利益に大きなマイナスの影響を及ぼすことになる。

　SP によって販売視点での目標が達成されたかどうかは，SP の前後でその販売金額や販売数量，市場シェアなどを比較すればよい。ただし注意が必要なのは，短期的に増加の効果が得られたとしても，少し時間をおいて見てみると，SP 終了後の一定期間には販売量が大きく落ち込んでいる可能性がある。これは洗剤やシャンプー，トイレットペーパーなどストックできる日用雑貨品によく見られる現象で，「需要の先食い」によるものである。賢い消費者は，今必要なわけではないがいずれ使うことになる製品を特売しているうちに買って保管しておく。つまり，SP の効果に見えたものは，実は次期に購入される予定が前倒しされた

に過ぎず，企業は SP を行った分だけ利益を減らすことになる。また，セールが定期的に行われ時期を消費者が記憶していたり，事前に告知される場合などは，先食いの反対，「需要の先延ばし」も起こり得る。その場合は SP の前に販売数量等が減少する。もう 1 つの罠は「需要のカニバリゼーション」である。カニバリゼーションとは共食いのことで，たとえば，ブランド A の販売数量が SP 期間中に増加していたとしても，それが自社の B ブランドからのスイッチによって生じているようなケースである。同じ企業内でブランド同士が共食いを起こし，A の SP が行われていなければ売上に貢献していたはずの B の需要を奪うことになる。結果的に，企業全体としての利益はマイナスになってしまう。

【購買行動視点の目標と効果測定】　消費者の購買行動の視点では，顧客の獲得や維持，拡大が主な目標となる。つまり，当該カテゴリーの未経験者を開拓して新規購買者とすることや，他ブランドの購買者をスイッチさせること，既存顧客の使用機会を増加させたりリピート購買を促すことなどが含まれる。新規購買者の開拓には，製品やサービスの機能や価値を認知してもらうための情報提供型プロモーション，知覚リスクを低減する体験提供型プロモーションが有効である。既存顧客による使用機会の増大を目指す場合も，新たな使途を訴求するなどの情報提供が必要となる。他ブランドからのスイッチは，クーポンやサンプリングなどでトライアルを誘発することが効果的である。一方，既存顧客の継続的な購買を獲得するためには，FSP によって累積的なベネフィットを提供したり，クローズド懸賞のようなインセンティブを提供する方法が活用できる。

　消費者の購買行動が SP によって変化したことを確認するためには，会員カードなど ID 付き POS データやスキャン・パネル・データで購買履歴を追跡できることが必要である。データから，SP の期間中に当

該カテゴリーの購買経験がない消費者がどれくらいトライアルをしたか（トライアル率），どれくらいの消費者がいつも購買しているブランドからスイッチをしたか（スイッチ率）などが把握可能で，SP の効果を検証できる。

【ブランド育成視点の目標と効果測定】　ブランド育成の視点では，ブランド認知の獲得，ブランド・ロイヤルティの形成，ブランドの知覚品質の向上，ブランド連想の強化などが目標となる。これらは短期即効性を求める SP とは相性が良いとは言えない。むしろ，SP を実行する際に，ブランドを傷つけたり，ブランド育成にマイナスの効果をもたらすようなリスクがないか注意を払う必要がある。その点においてプレミアムの提供やコンテストの実施，セルフ・リキデーションは，ブランドと関連づけてブランドへの深い理解や共感を醸成する機会となる。

　消費者のブランドに対する態度の変化を効果として測定するには，SP の実施前と実施後に消費者アンケートを実施してスコアの差を見る方法などがある。ブランドの育成は一朝一夕にはかなわないため，SP のような短期的な手法に依存せず，長期的な戦略を持つことが重要である。

4．パブリック・リレーションズ／パブリシティ／人的販売

　パブリック・リレーションズ（PR）は，企業などの組織が公衆（パブリック）と良好な関係を築くために行う活動の総称で，具体的には広報活動や広聴活動などがある。自社のビジョンや存在価値を伝達して理解を得たり，人々と良好な関係を構築・維持したりするためのあらゆる活動が含まれる。

　パブリシティとは，企業の製品・サービス，あるいはそれに関する情

報がメディアに記事として取り上げられることを指す。プレス発表会・プレスリリースなどは，自社や自社製品に関する情報を提供し，番組のニュースや記事として取り上げられるようメディアへ働きかける活動である。企業はこうした活動を通じて媒体各社に働きかけることはできるが，最終的に報道するかどうか，またどのような内容をどの程度扱うかなどは，完全に媒体側の意思決定となる。企業が意図した訴求ポイントを媒体側が伝えてくれるとは限らず，情報の扱いは企業のコントロールの外にある。当然のことながらメディアは，企業にとって都合の良い情報だけでなく，ネガティブな情報を取り上げることもあり，消費者に与えるインパクトは大きい。視聴者からすると，そうした客観性や公平性が，広告やクチコミよりも信頼性の高い情報だという知覚を生む。

　広告はすべて有料であるのに対して，パブリシティの場合，記事として自社や製品が扱われても基本的に掲載料としての費用は発生しない（媒体社に対価を支払うペイド・パブリシティもある）。したがって，企業側の意図通りに媒体が取り上げてくれた場合には，きわめてコスト効率の高いプロモーションとなる。

　最後に，人的販売とは営業担当者や販売員などによって行われるプロモーション活動を指す。他のプロモーション手段と異なり，対面でコミュニケーションが行われるため，相手の状況や反応を把握しながら柔軟な対応が可能となる。しかし，個別に対応することは人的資源の制約からコストが高くなったり，そもそも対応可能な消費者の数が限られるといった欠点もある。そのため，人的販売は消費者自身では購買意思決定が困難な財（製品・サービス）や，購買に際して高い知覚リスクを感じるような財の場合に適している。

学習課題

1. クロスメディアの広告コミュニケーション事例を探し，複数のメ
  ディアがどのように掛け合わされ，相乗効果を生み出しているか考察
  してみよう。
2. 消費者が意思決定プロセスのどの段階にあるかによって，広告／
  SP／PR／パブリシティ／人的販売といったプロモーション手段の相
  対的重要性は変化する。段階ごとにどの手段がより効果を発揮できる
  か，理由とともに考えてみよう。

参考文献

・上田隆穂・守口剛（2004）『価格・プロモーション戦略』有斐閣
・上田隆穂・青木幸弘（2008）『マーケティングを学ぶ（上)』中央経済社

13 | 戦略的マーケティング

石田大典

《目標＆ポイント》 企業の持続的な成長のためには，顧客ニーズや競合の動向といった市場環境の変化に対して，より効果的に，そしてより効率的に適合することが求められる。市場における組織レベルの成長戦略のことを戦略的マーケティングという。戦略的マーケティングは，個別の製品やサービスのマーケティング戦略を方向づける役割を有している。本章では，企業や事業部といった組織レベルのマーケティングに関する理論や枠組みを説明していく。

《キーワード》 ドメイン，ポートフォリオ・マトリクス，成長戦略，3つの基本戦略，競争地位別戦略

1．3つの戦略レベル

　組織の戦略には，全社戦略・事業戦略・機能別戦略という3つのレベルがある。全社戦略では，企業が向かうべき方向性について検討される。具体的には，どのような事業を行うのか，あるいは行わないのかという事業の組み合わせに関する意思決定が中心となる。そして，複数の事業に対してどのように経営資源を配分するのかという意思決定も全社戦略における課題である。一般的に，企業は規模が大きくなるほど複数の事業を展開している。したがって，全社戦略は企業規模が大きく，多くの事業を手掛けるほどその重要性は増していく。

　事業戦略では，個別の事業をどのように展開していくべきかについて検討される。したがって，経営資源を梃子にして独自の能力を構築し，

競合他社に対する優位性を発揮することに主眼が置かれる。機能別戦略とは，人事・生産・営業など個別の機能における戦略を表している。マーケティング戦略は機能別戦略の一角に位置づけられる。

　花王株式会社は化粧品事業，スキンケア・ヘアケア事業，ヒューマンヘルスケア事業，ファブリック＆ホームケア事業，ケミカル事業という5つの事業を有している。これらの事業に対してどのように資金や人員といった経営資源を配分するのかというが全社戦略である。スキンケア・ヘアケア事業の中には洗顔料やシャンプーなどの製品があるが，製品ラインを広くして市場全体へ対応するのか，あるいは狭くして特定の市場セグメントへ集中するのかといった検討を行うのが事業戦略である。また，スキンケア・ヘアケア事業には，ビオレ，メリット，エッセンシャルなどさまざまなブランドがあるが，これらのブランドや個別の製品における方針はマーケティング戦略上の課題ということになる。

　セグメンテーション，ターゲティング，ポジショニング，製品戦略，価格戦略，プロモーション戦略，流通戦略といったマーケティング戦略に関しては，第5章から第12章において議論している。本章では，全社戦略と事業戦略に関するさまざまな理論や枠組みに関して説明していく。

2.　ドメイン戦略

　事業の組み合わせを検討するという全社戦略の基礎となるのは，企業のドメインである。ドメインとは，企業が展開する事業の範囲や領域を指している。つまり企業にとってドメインは「我々は何を行い，そして何を行わないのか」を表したものと言える。たとえば，ソニーは家電をはじめとしてエンターテインメントや金融の事業も行っている。一方，パナソニックは家電以外に電気自動車向け製品の事業や，工場や倉庫の自動化システムの事業を手掛けている。同じ家電メーカーでもこのよう

な違いが生まれるのは，ドメインによるものであると言えるだろう。

　ドメインの定義には，物理的定義と機能的定義という2つの考え方がある。物理的定義とは，ドメインを製品やサービスの内容で定義することである。たとえば，自動車メーカーであればドメインは自動車となり，化粧品メーカーであればドメインは化粧品となる。物理的定義のメリットは単純明快でわかりやすい点だが，2つの点で大きな問題がある。第一に将来の方向性が見えにくいという点である。なぜならば，製品やサービスにはライフサイクルがあり，いつかは衰退期を迎えてしまうからである。ドメインを物理的に定義してしまうと，長期的な成長を見据えた全社戦略を描きにくくなってしまう。第二に企業の視野が狭くなってしまう点である。第1章で説明したマーケティング・マイオピアはドメインの物理的定義の問題とも言える。アメリカの鉄道事業者は自社を鉄道事業であると物理的に定義してしまった結果，自動車やトラックといった代替技術や代替製品に注意が向きにくくなってしまった。

　機能的定義とは，自社の製品やサービスがもたらすベネフィットや機能で事業を定義することである。たとえば，トヨタ社長の豊田章男氏は，自社について人々のさまざまな移動を助ける会社であるモビリティ・カンパニーだと表現している。機能的定義は，上で述べた物理的定義の問題点を補うものである。アメリカの鉄道事業者は，自社の事業を輸送や移動として定義していたら，トラックや自動車の台頭について認識し，何かしらの対抗手段をとることができたかもしれない。

　エーベルはドメインを顧客グループ（Who），顧客ニーズ（What），技術（How）という3つの次元から定義するべきだと主張した。つまり，「誰の，どのようなニーズを，どうやって満たすべきか」というものである。企業の経営資源が大きくなるほど，対象とする顧客グループはより広く，顧客ニーズもより多様になる傾向がある。

　ドメインは事業の範囲や領域を意味すると同時に，企業のアイデンティティも表している。したがって，自社がどのような存在なのかを外部に示すためにドメインを用いることができる。顧客や投資家が企業のイメージを醸成するうえで，ドメインは重要な役割を果たす。ドメインは，企業のスローガンなどで理念的に表現されることが多い。たとえば，ソニー株式会社は自社の存在意義として「クリエイティビティとテクノロジーの力で，世界を感動で満たす」を掲げており，パナソニック株式会社はブランド・スローガンとして「A Better Life, A Better World」を掲げている。

3.　BCG のポートフォリオ・マトリクス

　企業が単一の事業を展開する場合は，経営資源をそこに集中させればよい。ところが，複数の事業を展開する場合は，経営資源を振り分けるという意思決定が求められるようになる。その際に有効となる枠組みに，ボストン・コンサルティング・グループが提唱したポートフォリオ・マトリクスがある。ポートフォリオとは，投資家が株や債券などの金融商品を一覧化して整理したものを指し，企業が有する事業も同じように一覧化してまとめようというものである。

　ポートフォリオ・マトリクスにおいては，事業は市場成長率と相対市場シェアという2つの視点から評価される。一般的に，市場成長率が高い事業ほど多くの経営資源を必要とする。なぜならば，その事業は成長期にあり，市場シェアを拡大しなければならないからである。相対市場シェアが大きい事業ほど，企業に多くの利益をもたらす。なぜならば，市場シェアが大きいほど規模の経済性や経験効果の恩恵を享受できるからである。図13-1にはポートフォリオ・マトリクスの例が示されている。縦軸は市場成長率を表しており，横軸は相対市場シェアを表してい

る。また，各事業の円の大きさは売上規模の大きさを示している。

　市場成長率が高く，相対市場シェアが大きい事業を花形と呼ぶ。花形
事業は成長市場の中でトップシェアを誇る重要な事業である。競合他社
も積極的な投資を行うため，花形事業に対しては多くの経営資源を投入
し，その地位を維持する必要がある。市場成長率は高いが，相対市場
シェアが小さい事業を問題児と呼ぶ。成長市場に企業が参入した場合，
その事業は問題児からスタートすることになる。問題児の事業の戦略は，
成長期に求められる市場シェアの拡大である。そのため，積極的に経営
資源を投入し，競合他社よりも多くのシェアを獲得できるよう努めなけ
ればならない。ただし，花形事業へと成長できそうにない場合は，撤退
も視野に入れなければならない。

　市場成長率は低いが，相対市場シェアが大きい事業を金のなる木と呼
ぶ。市場は成熟しており，大幅な投資を必要としない。一方で相対的な
市場シェアが大きいので利益率が高い。そのため，企業に大きな利益を
もたらす事業であると言える。市場成長率は低く，相対市場シェアも小
さい事業を負け犬と呼ぶ。投資はあまり必要とはしないが，利益率も低

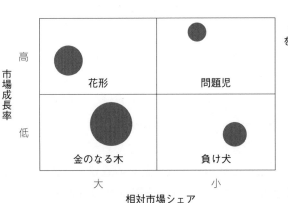

（注）●は売上規模の大きさ
を示す。

出所：Hedley（1977）一部修正

図13-1　BCGのポートフォリオ・マトリクス

い場合が多い。そのため，負け犬事業は場合によっては撤退も考慮すべきである。

　ポートフォリオ・マトリクスに基づいた戦略として，金のなる木事業で得た利益，すなわち資金を問題児事業へ振り分け，花形事業へと成長させるという方針を描くことができる。そして花形事業は将来，金のなる木事業へと変化する。というのも，市場成長率は次第に鈍化していくからである。このようにポートフォリオ・マトリクスは，資金の配分という観点において非常に明快な指針を与えてくるという長所を有している。一方，短所としては，事業の定義によってポートフォリオ内での位置づけが変わる可能性が挙げられる。たとえば，ビールをアルコール飲料事業と定義するのか，あるいはビール事業と定義するのかによって市場成長率や市場シェアは異なるはずである。将来の事業に対する知見はもたらさないことにも留意するべきだろう。どの事業に対して資金を配分するべきかについてのヒントは与えてくれるが，どんな事業に着手するべきかについてのヒントは与えてくれない。

4．成長戦略

　大企業の多くは幅広い事業を展開している。たとえば，株式会社日立製作所はエアコンや冷蔵庫といった家電製品だけでなく，情報通信のサービスや鉄道システムなどさまざまな事業も手掛けている。しかし，どのような大企業であっても創業当初は本業と呼ばれる1つの事業に集中していたはずである。そこから企業としての成長を目指すために異なる事業へ参入していったのである。アンゾフは，企業が発展するための戦略を市場と製品という2つの軸で整理している（図13-2）。

　第一の戦略は市場浸透である。この戦略では，既存製品を用いて既存市場で戦うというものである。市場浸透において重要なのは市場シェア

　の拡大である。そのための方法としては，広告やプロモーションを通じて競合他社から顧客をスイッチさせたり，新たな使用機会を顧客に提案して市場を拡大させたりすることが挙げられる。企業にとって熟知した製品や市場であるため，比較的リスクの小さい戦略であると言える。第二の戦略は，既存製品を新市場で展開するという市場開拓である。市場開拓の1つとして，海外市場への進出がある。日本企業もさまざまな製品カテゴリーで海外市場へ参入して成功を収めている。また，これまでのターゲットとは異なるセグメントを対象とする場合もある。たとえば，化粧品のターゲットを女性から男性へ広げたり，おむつのターゲットを幼児から高齢者へ広げたりするなどである。

　　第三の戦略は新製品開発である。これは，既存市場に対して新製品を導入する戦略である。多くの企業は定期的に既存製品を改良したり，新製品を市場に導入したりしている。第6章で学んだように，そうした新製品の開発を通じて，企業を成長させていく戦略である。第四の戦略は新市場に対して新製品を導入する，つまり，まったく新しい事業に参入する多角化ということになる。一般的に，技術や顧客の面で既存事業と

出所：アンゾフ（1969）

図13-2　成長戦略

関連しているほうが多角化は成功しやすい。なぜならば，自社が有する経営資源を有効活用できるからである。

5．３つの基本戦略

　製品やサービスから得られる利益は，売価から費用を減ずることによって求められる。したがって，競合他社よりも高い利益をあげるためには，より高価格で販売することができるか，あるいはより低コストで生産することができるかのどちらかである。また，自社の経営資源の大きさによって，構築できる戦略は異なる。具体的には，経営資源が大きければ市場全体をターゲットにできるが，経営資源が小さい場合は難しい。したがって，市場全体をターゲットとするのか，あるいは特定の市場セグメントへ集中するのかを決めなければならない。このように，利益を獲得する方法と経営資源の大きさを考慮すると，３つの基本的な戦略の方向性を示すことができる。それは，コスト・リーダーシップ戦略，差別化戦略，集中化戦略である（図13-３）。

　コスト・リーダーシップ戦略とは，市場全体をターゲットとし，コスト面で優位性を築こうとする戦略である。コスト面での優位性により，競合と同等の価格で販売した場合により大きな利益を獲得できるし，競合よりも低価格で販売したとしても十分な利益を獲得できる。コスト・リーダーシップ戦略を実行するうえで必要となる条件は，コストの削減である。たとえば，大型で最新の製造設備を導入したり，販売や研究開発のコストを最小化したり，生産コストを厳密に管理したりするなどである。提供される製品やサービスは相対的に標準化され，機能は幅広い顧客が求めるものに絞られる。また，競合他社よりもコスト面で優位な立場に立つためは，規模の経済性や経験効果が重要となる。したがって，コスト・リーダーシップ戦略を採用する企業は製品やサービスの価格を

低価格にし，より大きな市場シェアを獲得しようとする傾向にある。コ
スト・リーダーシップ戦略において注意しなければならないのは，コス
トの削減や効率性へ過度に集中するあまりに，顧客ニーズの変化に気づ
きにくくなるというリスクである。

　差別化戦略とは，独自の機能や優れた品質を提供することによって，
製品やサービスの差別化を実現しようとする戦略である。差別化の実現
によって，顧客のロイヤルティを獲得できるとともに，高価格を設定で
きるようになる。差別化を実現するためには，研究開発への投資を通じ
て新しい技術やシステムを開発したり，人的資源への投資を通じて卓越
した顧客サービスを提供したり，コミュニケーションの展開を通じてブ
ランドを構築したりする必要がある。このように，差別化の手段にはさ
まざまなものが挙げられるが，重要なのは顧客のニーズに合致している
かどうかである。したがって，差別化にまつわるリスクの１つには，顧
客が独自性に対して価値を見い出さないことが挙げられる。加えて，差
別化を実現できたとしても，競合他社が模倣してくる可能性もある。し

出所：ポーター（1982）

図13-3　　３つの基本戦略

たがって，差別化を維持することも重要となる。

　コスト・リーダーシップ戦略や差別化戦略はどちらも市場全体を標的としている。そのため，それらの戦略を採用できる企業は，市場シェアが大きく，経営資源も豊富な企業に限られる。相対的に経営資源の少ない企業がとるべき戦略に集中化戦略がある。集中化戦略とは，特定の狭い市場セグメントに対して経営資源を集中させる戦略である。市場のニーズは必ずしも一様ではなく，特有のニーズを有するニッチ市場も存在する。集中化戦略は，そうしたニッチ市場という機会を捉えようとする戦略と言える。集中化戦略の方針は市場全体をターゲットとする場合と同じであり，低コスト型集中化戦略と差別化型集中化戦略の2つに分類できる。集中化戦略にまつわるリスクとして，経営資源の大きな企業がニッチ市場に参入してくることが挙げられる。また，ニッチ市場のニーズが市場全体のニーズへ類似していくという可能性もリスクとして考えられる。

6.　競争地位別戦略

　同じ業界内にあっても，市場シェアの大きな企業もあれば小さな企業もある。成長期にある市場では，新規顧客が増えているので各社ともシェアを拡大させる機会が存在する。ところが，成熟期に入るとそうした機会は減少していく。そのため，各社の市場シェアの変動は小さくなり，業界内での競争地位が明確化されていく。業界内で最も市場シェアの大きな企業をリーダー企業という。業界内で2番手，もしくは3番手くらいの市場シェアを有し，リーダー企業に対抗するだけの経営資源を有する企業をチャレンジャー企業という。業界内の市場シェアは小さいが，集中化戦略によって独自の生存領域を有する企業をニッチャー企業という。最後に，業界内での市場シェアは小さく，またニッチャー企業

のような独自の生存領域を築けていない企業をフォロワー企業という。

　最大の市場シェアを有するリーダー企業の戦略目標は，市場シェアや利益水準を維持し，名声を高めていくことである。市場全体をターゲットとしているため，製品ではフルライン戦略，そして流通は開放的チャネル戦略を採用することが一般的である。最大の市場シェアを維持するためにリーダー企業が行うべきことは，市場の拡大・市場シェアの防衛・市場シェアの拡大の３つである。市場が拡大した場合に最も大きな恩恵を受けるのはリーダー企業である。なぜならば，市場シェアの増加を最も期待できるからである。市場を拡大させるためには，市場浸透によって顧客の使用量を増加させたり，市場開拓によって新たな顧客を獲得したりすることなどが有効である。

　リーダー企業は，そのシェアを奪おうとするチャレンジャー企業からの攻撃へ対応しなければならない。後述するようにチャレンジャー企業はリーダー企業と差別化しようとするため，リーダー企業がとるべき対応は同質化ということになる。具体的には，チャレンジャー企業の模倣をするのである。競合製品のどの属性を模倣するのかにもよるが，リーダー企業のほうが生産量は多いので，模倣した場合にコスト優位性が発揮できる可能性がある。また，リーダー企業のほうがブランドや販売力が強いため，流通チャネルや消費者に受け入れられる可能性も高い。

　市場シェアを防衛する一方で，競合他社から市場シェアを奪って拡大するという戦略方針もある。これには，価格競争と非価格競争のパターンが挙げられる。リーダー企業は，その市場シェアの大きさからコスト・リーダーシップ戦略を採用できる。結果として，値下げを行って競合他社に価格競争を仕掛けることもできる。ただし，競合他社も値下げをした場合に業界全体の収益性が下がってしまう可能性もある。したがって，より望ましいのは非価格競争である。豊富な経営資源を活用し

てチャレンジャー企業との差別化を実現し，市場シェアを拡大させるのである。

　チャレンジャー企業の目標は，市場シェアを拡大してリーダー企業となることである。したがって，リーダー企業との差別化によって顧客を奪うことが戦略の基本的な方針となる。差別化においては，リーダー企業による同質化を防ぐことが重要である。そのためには，機能や製法などの技術的に模倣しにくいポイントだけでなく，戦略的に模倣しにくいポイントで差別化する必要がある。たとえば，リーダー企業が多機能な商品というポジショニングを訴求していた場合に，１つの機能に特化するというポジショニングを訴求すればリーダーは同質化しにくいだろう。なぜならば，自社のポジショニングと矛盾するからである。リーダー企業と同様，チャレンジャー企業も市場全体をターゲットとしているため，マーケティング・ミックスとしてはフルライン戦略と開放的チャネル戦略がとられる。

　ニッチャー企業とは集中化戦略によって市場において独自の生存領域を有している企業である。リーダー企業やチャレンジャー企業ほど多くの経営資源を有さないため，特定の小さな市場に対して経営資源を集中させるのである。ニッチャー企業の戦略目標は強いブランドの構築により高利益率を確保することであり，高価格の限定ライン戦略で閉鎖的チャネル戦略がとられる。

　ニッチャー企業とは異なり，独自の生存領域を持たない企業をフォロワー企業という。フォロワー企業の戦略方針はリーダー企業の模倣である。ただし，リーダー企業ほどのブランド力はなく，また直接的に競争できるほどの経営資源もないため，低価格戦略をとることが多い。今ではグローバル企業となっている日本や韓国の製造業企業も成長過程の中でフォロワー戦略をとっていたことがあった。

表13-1　各競争地位の戦略

競争地位	目標	基本方針	ターゲット	マーケティング・ミックス
リーダー	最大シェア 最大利潤名声	全方位	フルカバレッジ	製品：フルライン 価格：中～高価格 流通：開放的チャネル プロモーション：高水準
チャレンジャー	市場シェア	差別化	フルカバレッジ	製品： 価格： 流通： プロモーション： ⎫リーダーとの ⎬差別化 ⎭
ニッチャー	利潤名声	集中化	特定セグメント	製品：限定ライン 価格：中～高価格 流通：閉鎖的チャネル プロモーション：ニッチへ訴求
フォロワー	生存利潤	模倣	経済性セグメント	製品：中程度の品質，限定ライン 価格：低価格 流通：価格訴求チャネル プロモーション：低水準

出所：嶋口，石井（1995）

学習課題

1．同一業界にある企業を2社取り上げ，ドメインや事業内容の違いを
　分析してみよう。
2．日本酒や和菓子など，日本の伝統的な産業の中で1社取り上げて，
　成長戦略を考えてみよう。
3．企業を1社取り上げ，どの競争地位に位置づけられるか，また3つ
　の基本戦略のうちどれを採用しているのかについて分析してみよう。

参考文献

・Hedley, Barry（1977）, "Strategy and the 'Business Portfolio'," *Long Range Planning,* Vol. 10, No.1, 9-15.
・イゴール・アンゾフ（1969）『企業戦略論』産業能率短期大学出版部
・黒岩健一郎，水越康介（2018）『マーケティングをつかむ〈新版〉』有斐閣
・榊原清則（2002）『経営学入門・上』日本経済新聞出版社
・嶋口充輝，石井淳蔵（1995）『現代マーケティング〈新版〉』有斐閣
・デレック・エーベル（1984）『事業の定義』千倉書房
・藤田誠（2011）『スタンダード経営学』中央経済社
・マイケル・ポーター（1982）『競争の戦略』ダイヤモンド社
・和田充夫，恩藏直人，三浦俊彦（2016）『マーケティング戦略〈第5版〉』有斐閣

14 | リレーションシップ・マーケティング

井上淳子

《目標&ポイント》 顧客との関係性を志向するマーケティングは「リレーションシップ・マーケティング」と呼ばれる。従来の単発的な取引を中心とするパラダイムがなぜ関係性志向へシフトしたのか。関係性パラダイム登場の背景，具体的な関係性マネジメントの手法を踏まえながらリレーションシップ・マーケティングの考え方を理解する。

《キーワード》 取引志向，関係性志向，信頼，コミットメント，価値共創

1. 関係性パラダイムの台頭と関係の範囲

（1） 交換パラダイムから関係性パラダイムへ

　従来の単発的な取引を中心とするパラダイムに代わって登場してきたリレーションシップ・マーケティングは，その名の通り，関係性を重視するマーケティング手法や考え方で，1980年代以降に大きく注目されるようになった。B to B（企業―企業）の取引関係において生まれた発想だが，B to C（企業―消費者）市場においても重要な考え方となっている。第10章の流通戦略で学んだとおり，メーカーは変化に迅速かつ柔軟に対応するために，チャネル・メンバーである流通業者と長期的な視点でwin-winの関係を構築し，協働することが求められる。消費者市場においてもまた，短期的な視点で次々と新規顧客を発掘しようとするのではなく，既存顧客を維持し優良顧客へと育成していくことで安定と成長を獲得できる。

　リレーションシップ・マーケティング以前のマーケティングは顧客と

の取引を一回ごとの「交換」と捉え，その交換の実現に焦点を当ててきた。単発志向の交換パラダイムでは，その時々において顧客のニーズに応えられた企業が彼らとの取引を成立させる。顧客は自分の問題解決に最適な相手を探し，企業も目の前の取引機会を得ることに集中する。つまり，企業の主眼は短期的な利益を獲得することに置かれているのである。一方，リレーションシップ・マーケティングでは，交換を可能にする基盤として「関係性」の構築に焦点を当てる。この関係性パラダイムでは，ニーズを有する顧客，それに応える企業という一方向的で，固定した構図が見直され，売り手と買い手が互恵的な関係性を構築することに注力する。こうした交換から関係性への志向の変化は，マーケティング・マネジメントにおける大きな「パラダイム・シフト」と表現されている。

　なぜ，パラダイム・シフトが起こったのだろうか。背景の１つとして，顧客ニーズの多様化や曖昧化，さらにはニーズ自体の欠如によって，交換パラダイムの前提が崩れたことが挙げられる。応えるべきニーズが把握できなければ，顧客と企業が共に考えたり，創造したりできるような関係性が必要となるだろう。また，競争の激化も要因である。あらゆる市場が成熟し，新規顧客を獲得することが容易でない環境において，企業は既存顧客を維持し，彼らとの関係を深めていくことによって安定的なビジネス機会と利益を獲得できる。そのほか，製品の高度化や複雑化，ライフサイクルの短縮化なども関係性が志向される一因である。製品が高度化し複雑性を増すと，売り手と買い手の関係は取引が完了した時点で終わらず，アフターサービスなどを通じて継続的なものとなりやすい。取引後の継続的なやり取りの中で，顧客との関係を適切にマネジメントすれば，企業は次の取引や関連製品の販売機会を得ることができる。情報通信技術の進歩もまた，関係性パラダイムの推進力である。これに

よって企業は顧客との関係性を促進する有効なツールを従来よりも低い
コストで手に入れられるようになった。顧客の購買履歴を蓄積して分析
することで，顧客ごとにカスタマイズした効果的なマーケティング・ア
プローチを実行したり，多様なコミュニケーション・チャネルを活用し
て，幅広い顧客関係性を開発・維持できるようになっている。

（2） リレーションシップの形態と範囲

　リレーションシップ・マーケティングの議論は，生産財マーケティン
グとサービス・マーケティングを中心に発展してきた。生産財のマーケ
ティングは，原材料や部品などの供給業者とメーカー，あるいはメー
カーと流通業者のように企業間取引を対象とする。一般消費者との売買
関係とは異なり，企業間の取引は，通常，単発でなく長期的な契約が交
わされることが多い。また製品の企画や仕様，受発注に関するデータを
双方が共有したり，製品開発などで協働することもある。そのため，企
業間に良好な関係性が構築されていれば，取引の調整や交渉に関わる時
間的・金銭的なコストを大幅に削減することができ，取引相手の機会主
義的な行動を抑止するための監視や，条件の良い別の取引相手を継続的
に探索する努力も不要となる。生産財マーケティングの分野では，双方
の企業による相手への信頼と関係へのコミットメントによって，コスト
削減以上の，より高い価値を創造することが可能になるため，早い段階
から関係性に関心が寄せられていた。

　一方，サービス・マーケティングの分野では，サービスの持つ5つの
特性（無形性・不可分性・消滅性・品質の変動性・需要の変動性）を補
うために売り手と買い手のインタラクションが重要とされる。第7章で
学んだように，サービスは生産と消費が同時に行われ，買い手がサービ
ス生産のプロセスに関与する。ヘアサロンやホテルでの滞在では，企業

あるいは個々のサービス・プロバイダーと顧客が信頼関係や社会的な絆で結ばれることによって，効果的なサービスの提供や顧客満足の向上が実現できる。

　スヴェン・ホレンセンはリレーションシップの形態を，①ダイアディック・リレーションシップ，②リレーションシップ・チェーン，③リレーションシップ・ネットワークの3つに分類している。ダイアディック・リレーションシップとは，関係当事者がダイアド，つまり一対一の関係にあるリレーションシップで，ある原材料供給業者と仕入れメーカーの関係や，ヘアサロンの担当スタイリストと顧客の関係などが該当する。リレーションシップの基本形態で，最小単位と言える。2つ目のリレーションシップ・チェーンは，ダイアディック・リレーションシップが複数繋がることによって形成される。サプライチェーンにおける関連企業間のリレーションシップが好例である。3つ目のリレーションシップ・ネットワークとは，関係の構造が最も複雑で，複数の主体が利害関係者としてリレーションシップを形成している状態を指す。たとえば，メーカーを中心としたダイアディックなリレーションシップはそれぞれが完全に独立しているとは限らず，むしろそれら多様な利害関係者との関係性を有機的に結びつけることによってメーカーはより高い競争優位性を獲得できる可能性がある。コトラーとケラーは，リレーションシップ・マーケティングの最終的な成果を，当該企業のユニークな資産となるマーケティング・ネットワークを作り上げることだと指摘している。

2．顧客の価値とリレーションシップの深化

（1）　顧客の識別

　関係性を構築する際に考えなければならないのは，誰とどのような関

係を築くのかという問題である。対象を間違えると，関係性を構築するための努力をしても実りが少なかったり，相手に裏切られたりする可能性もある。したがって，やみくもに関係構築を追求するのではなく，相手を見極めることが求められる。利益への貢献度という観点からすると，企業にとってすべての顧客は同等ではない。パレートの法則（ヴィルフレド・パレートが提唱した「社会の富の80％は20％の高所得者に集中している」という経済法則）に従うと，企業の収益の80％は上位20％の優良顧客からもたらされている。したがって，企業は優良顧客を識別し，彼らとの関係性を維持・発展させることに注力すれば効率的かつ効果的に収益を上げられる。リレーションシップ・マーケティングでは，短期的な利益ではなく「顧客生涯価値（CLV: Customer Lifetime Value）」に着目する。1回の取引で顧客がどれだけの収益を企業にもたらすかではなく，顧客がその企業の顧客であり続ける間にどれだけの価値をもたらすかを試算するのである。たとえば，ファストフード・チェーンのタコ・ベルは，得意客の生涯価値が11,000ドルであることを調査によって明らかにした。顧客は通常タコス，ソフトドリンク，シナモン・ツイストを注文し単価は5ドル程度であるが，彼らと長期継続的な関係を維持すれば大きな利益がもたらされるのである。

　情報通信技術の進歩によって，顧客の購買履歴や行動，属性などのデータを大量に収集，蓄積し，分析することが低コストで可能となった。それに伴って顧客価値の推定や選別も精度が上がり，データベースに基づく顧客関係性の構築や顧客維持・管理は多くの業界で広く行われている。

　RFM分析は，顧客を選別する際に用いられる手法の1つである。顧客の購買履歴に基づいてR（Recency：直近で購買した日からどれだけの時間が経過しているか），F（Frequency：どれくらいの頻度で購買

しているか），M（Monetary value：どれくらいの金額を費やしているか）の３つの指標で顧客を評価し分類する。顧客の収益性を把握することによって，関係を継続すべき有望な顧客を探しあてることが可能となる。一般的には，優良顧客や新規顧客・安定顧客・休眠顧客・離反顧客などにグループ分けして，各マーケティング施策のターゲット設定などに活用される。

　顧客生涯価値は，ある顧客が当該企業の顧客であり続ける間にもたらす価値を算出している。近年では，この CLV を含む包括的な顧客エンゲージメント価値として，当該顧客の CRV（Customer Referral Value：顧客紹介価値）や CIV（Customer Influencer Value：顧客インフルエンサー価値），CKV（Customer Knowledge Value：顧客ナレッジ価値）も考慮されている。とりわけ，顧客紹介価値，つまり，クチコミによって優良な新規顧客を連れてくる価値は CLV と合わせて顧客価値の重要な側面となっている。既存研究によると CLV と CRV の相関は必ずしも高くないため，企業は目的に合わせて顧客の識別指標を使い分けたり，組み合わせたりする必要がある。

（2）　顧客リレーションシップの深化

　顧客との関係性を構築し，維持することのメリットは経済的価値にとどまらない。顧客は単なる顧客ではなく，企業が行うマーケティングの代行者や，企業にとってのパートナーにさえなり得る。図14-1に示されるように，顧客との関係性はリレーションシップ・マーケティングによって深化する。まず，企業が見込み客を新規顧客とし，彼らを満足させなければ始まらない。そして，彼らの購買機会における自社の選択率を上げる必要がある。新規顧客を，繰り返し購買してくれるリピート顧客にし，次はより高い頻度で関連製品も購買してくれるような得意顧客

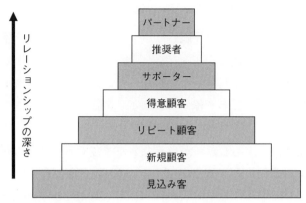

図14-1　顧客リレーションシップの深化

へと成長させる。さらに，他社ブランドへスイッチすることなく自社の製品や企業自体を強く支持してくれるサポーターへと関係を深め，製品を他者に勧めてくれる推奨者（アドボケーター）の役割を担ってもらう。そして目指す最終形はパートナーである。売り手—買い手の関係を越えて積極的に協力し合う特別な関係を築くのである。

　推奨者やパートナーの領域に達した顧客は，企業のマーケティング活動の一端を担ってくれる。たとえば優良顧客による肯定的なクチコミは，企業が行うべきコミュニケーション活動の一部を彼らが自主的に代行してくれていると考えられる。実際，そのようなクチコミは企業からのメッセージよりも強力なインパクトを持つことが多い。ほかにも，新製品開発のアイデアを顧客が提供してくれたり，製品の改良に重要な示唆を与えてくれたり，パートナーとなった顧客が企業活動のさまざまなプロセスに関与する事象も増えてきている。これらは顧客との関係性の上に成り立つものであり，関係性をさらに強化するきっかけともなる。

3. 関係性維持のためのアプローチ

　あなたは，企業から重要な顧客として特別な扱いを受けていると感じたことがあるだろうか。あるいは，あなた自身が特定の企業やスタッフに対して特別な思いや絆を抱いているだろうか。ここでは，顧客との関係性を重視する企業が，実際にどのようなアプローチを取っているか見ていく。その際，鍵となるのは，企業が目指す関係性の性質である。人間関係でも，利害だけで繋がっている関係や，心から相手に好意を持っている関係など，質的な違いを認識することができる。企業と顧客との関係も同様で，関係構築のためにどのようなアプローチを取るか，関係の基盤を何とするかによってその質が異なってくる。ベリーとパラスラマン（1991）はリレーションシップ・マーケティングを実行する企業が顧客とどのような関係性を構築するかについて，「金銭的絆（financial bond）」「社会的絆（social bond）」「構造的絆（structural bond）」の3つを識別している。

（1） 金銭的絆
　金銭的絆を形成するリレーションシップ・マーケティングでは，顧客のロイヤルティを獲得するために金銭的なインセンティブが強調される。通信会社が契約期間の長い顧客に高い割引率を提供したり，ドラッグストアやコンビニエンスストアがポイントカードを発行して継続利用を促進しようとするのが典型である。今日では，さまざまな業種の小売店が何らかのロイヤルティ・プログラムを採用し，顧客のデータを取得するとともにポイントという金銭的なインセンティブを与えることで顧客の維持に取り組んでいる。こうした金銭的絆は模倣が容易でユニークさに欠けるため，企業の競争優位には繋がりにくいが，顧客にとってのス

イッチング・コストを高める効果が期待できる。顧客は一定期間ある企業の顧客としてポイントを貯めたり割引によるメリットを享受すると，他に乗り換える物理的・心理的なコストを大きく感じるようになる。

（2）　社会的絆

　社会的絆を形成するリレーションシップ・マーケティングでは，企業と顧客の間に，温かみのある社会的な繋がりを醸成することを目指す。社会的な絆を形成するためには，購買以外の接点が重要になる。たとえば，大型二輪車のハーレー・ダビッドソンはハーレー・オーナーズ・グループ（H.O.G.）というオフィシャル組織を運営し，オーナーたちのモーターサイクル・ライフに深く関わりながら，社会的な絆の構築に力を注いでいる。ここで生まれる関係は，ハーレーとオーナーだけでなく，オーナー同士の繋がりでもある。充実のモーターサイクル・ライフを送ってもらうべく設計された企業とオーナーとの接点は，各地域のディーラーが中心に行う週末のツーリングや運転技術を磨くトレーニング，カスタム・バイクのコンテスト，全国規模の屋外オーナーイベントなど多岐にわたる。オーナーはH.O.G.を通じてハーレーを所有するステイタスを感じたり，価値を共有する仲間との時間や経験を楽しむことができるため，強い社会的な絆が形成される。

（3）　構造的絆

　構造的な絆を形成するためのリレーションシップ・マーケティングでは，顧客の問題に対するソリューションを提供し，それが彼らの生活の中にシステムとして組み込まれることを目指す。構造的な絆は顧客側が排他性を容認する必要があるため，高次の絆と考えられる。ネスレ日本（株）が展開している「ネスカフェアンバサダー」は，構造的な絆を形

成するアプローチの好例である。このプログラムでは，職場の誰かがアンバサダーに登録すれば，カフェのようなコーヒーが淹れられるマシーンを無償でレンタルできる。通常，コーヒーマシーンを導入しようとすると，購入費用のほかに，故障時の修理やメンテナンス等の費用を要するが，それらを負担することなく職場でコーヒーが楽める。コーヒーを飲むために必要なマシーンのカプセルはアンバサダーを通じてネスレから定期購入する。ネスレは，アンバサダーという関係を取り結ぶ対象を作ることで多くのオフィスへのマシーン設置に成功し，安定的なカプセル販売を実現している。このプログラムは，職場内でコーヒーを楽しむという機会を創造するとともに，代替品である缶コーヒーや職場近くのカフェから需要を奪っている。顧客の生活の一部になることにより，離れがたく排他的な絆を構築しているのである。

4. 顧客関係性の質

　人間関係に多様な形態，質的な違いがあるのと同様，企業同士，企業―消費者間の関係にも違いがある。良好な関係性から得られるビジネス上のメリットを期待するのであれば，相手との関係が真にリレーションシップと呼べるものなのか，十分な強さを持つものなのかを判断する必要がある。リレーションシップ・クオリティは「信頼」「コミットメント」「リレーションシップ満足」の3つの要素から構成される。互恵的な関係性を追求する際，関係がこれら3つに裏打ちされていることを確認しなければならない。

　「信頼」は相手の能力や誠実さを信用して，頼りにしても大丈夫だという気持ちを抱くことである。相手が自分を騙すかもしれない，自分を利用するかもしれないという不安な状態では良好な関係は築けない。また，ひとたびリレーションシップが築かれたとしても，相手を欺いたり，

不誠実な行動や態度をとったりすれば，関係の崩壊を招くことになる。それゆえに互恵的な関係性には，相互信頼が必要となる。お互いが相手を信頼し，双方がその信頼に応える行動をとることで，信頼は厚さを増していく。信頼はまさにリレーションシップの基盤である。

　「コミットメント」は，リレーションシップへの投資およびリレーションシップの継続性を決定づける要素である。関係当事者がリレーションシップにどの程度コミットしているかは，当該リレーションシップの重要性を反映していると考えられる。コミットメントとは相手との関係を継続したいという願望と，そのために努力をするという意志や覚悟のことである。暗黙的な場合もあれば，明示的な場合もある。リレーションシップを継続させ，双方がベネフィットを得るためには，時に短期的な利益を犠牲にするような意思決定をしたり，排他性を認めたり，関係特定的な投資を行う必要がある。関係特定的な投資は，汎用性がなくその関係が崩壊したときに大きな痛みを負担することになる。それゆえに，価値ある重要な関係に対してでなければ行うことが難しく，またその投資が良好な関係性の維持に向けた大きな動因となる。

　「リレーションシップ満足」は相手との関係，それまでのインタラクションを総合した関係性に対する満足である。対象が何であっても，満足は現状の維持を担保する重要な要因となる。リレーションシップ満足は，当事者間の社会的な結びつきやパーソナライズされたコミュニケーションによって醸成される可能性が高く，リレーションシップのもたらす功利的な側面だけでなく，感情や情緒などの要素を多分に含む。このような包括的な満足は，製品・サービスの機能や取引条件といった部分的な対象への満足では代替不可能であるため，競争上の優位性に繋がる。

5．価値共創

（1）　価値提供から価値共創へ

　図14-1で見たように，リレーションシップ・マーケティングは顧客との関係を長く，深いものへと発展させていくことを目指す。そうした努力により，顧客の中には単なる購買者の域を出て，企業に貢献する推奨者やパートナーとなる者が現れる。パートナーとなった顧客は，もはや企業によって提供される価値の受容者ではなく，共に価値を創造する共創者である。この価値の共創（co-creation）は，今日のマーケティングにおいて最も重要な概念の1つと言ってよいだろう。リレーションシップ・マーケティングの文脈以外にも，サービス・ドミナント・ロジック（S-D logic）や競争戦略において，また新たなマーケティングのパラダイムとして「価値共創」の重要性が説かれている。

　従来，マーケティングの基本的な考え方は，企業が消費者のニーズを探り，そのニーズを満たす製品・サービスを具現化し，提供するというものであった。つまり，価値を創造するのは企業側であり，顧客はその価値を受け取る立場にあると想定された。しかし今日，その前提は転換期を迎えている。たとえば，グッズ・ドミナント・ロジックに対するサービス・ドミナント・ロジックでは，あらゆる価値をサービス，あるいはプロセスと捉える。顧客にとっての価値は，製品という入れ物の中に詰め込まれ，使用前からあらかじめ規定されているものではなく，使用のプロセスで顧客が企業や製品と相互作用することによって生み出されると考えられている。

　共創の発想では，価値の創造主体が企業と顧客であり，成果の鍵は両者の相互作用が握っている。企業が有する技術やスキル，物理的な設備だけでなく，顧客の経験や知恵，想像力が価値創造の源泉となる。イン

ターネットの普及とデジタル化が進行した今日の社会では，知恵やアイデアのような情報をヒトやモノといった物理的な媒体から分離することができ，また無限のネットワーク世界で扱うことができる。この環境が価値共創の可能性を大きく広げており，さまざまな分野で成功事例を見ることができる。

（2）　共創による製品開発

　世界中の子供に人気のブロック玩具LEGO（レゴ）は，消費者参加型の製品開発を実践している代表企業であり，ユーザーのアイデアからいくつもの製品を生み出している〔西川・澁谷（2019）に詳しい〕。かつては自社内で製品開発を行い，知的財産権の保護にこだわる閉鎖的な企業であったというが，現在は内部での製品開発と並行して，消費者との共創による製品開発を常時行っている。高い利益を誇る製品を多数生み出すことに成功しているレゴは，どのようなきっかけで共創に取り組むことになったのだろうか。それは1998年に同社がマイクロコンピュータの搭載されたブロック（「マインドストーム」）を発売したときの経験である。この製品は多くの大人を魅了したため，大人のユーザーが増え，ユーザーによるネットコミュニティが形成されるようになった。そのコミュニティ内では，レゴの想像を超えて高度なことが起こっており，ブロックを制御するためのコンピュータ・プログラムがユーザーによって改良・開発され，広く共有されていた。こうしたユーザーの活動は海賊版の出現や製品の動作不良に対する不安をレゴに抱かせたが，同社は，ソフトウェアのライセンスにハッキングの権利を付与して，ユーザーによる積極的な創造活動を認めることにした。これによってレゴのファンであり，コンピュータの知識やスキルを持ったエキスパートでもあるユーザーたちが価値共創者となったのである。実際，次世代マインドス

トーム「マインドストーム NXT」の開発には，設計段階からエキス
パート・ユーザーが協働開発者として参加し，テスト協力者としても約
100名のユーザーが開発に関わった。その結果，マインドストーム
NXT は異例の大ヒットを記録し，初年度に30億を超える売上を達成し
た。

　レゴには無数のファン・コミュニティがあるが，「レゴアイデア」と
いう共創のプラットフォームは同社が主導している。ユーザーはここに
自ら作ったレゴブロックの写真か，レゴが提供するソフトウェア「レゴ
デジタル・デザイナー」の制作物をアイデアとして投稿する。そうする
と，他のユーザーによる投票が行われ，一定の得票数を超えたアイデア
についてレゴのデザイナーとマーケティング担当者が製品化を検討する。
実際に製品化がなされるとアイデアの発案者はクリエイターとして報酬
を得る仕組みになっている。こうしたクラウドソーシングを活用した共
創的製品開発は無印良品やローソンなどの国内企業でも行われ成功して
いる。クラウドソーシングを活用すると，コンテンツの創造や問題解決，
研究開発のために，社外の多くの資源（能力）にアクセスすることがで
きる。その結果，クラウドソーシングで共創された製品は新規性やベネ
フィットが高くなり，市場での成功や有利な販売価格につながる。また
コミュニケーションの面においても，ユーザーによって作られたという
情報が，他の消費者からの好意的な態度を引き出しやすい。

　企業主導型のオープン・イノベーションの場合であっても，ユーザー
によるイノベーション・コミュニティの場合であっても，参加する顧客
のモチベーションは当該企業やブランドあるいは製品に対する愛情や思
い入れ，またそれらとのリレーションシップにあると考えられる。製品
開発に限らず顧客とともに価値を創造していくためには，彼らとの物理
的，精神的なつながりが不可欠である。関係性をベースとした価値共創

はうまくいけば，さらなる関係性の強化，相互の理解に繋がる。この好循環を生み出すことがこれからのマーケティングに求められるだろう。

学習課題

1．顧客生涯価値と顧客紹介価値がどのように算出されるのか，具体的な方法について調べてみよう。
2．価値共創による製品開発の事例を探して，どのような仕組みによりそれが実現したか，またその成果はどうだったかを調べてみよう。

参考文献

・西川英彦・澁谷覚（2019）『1からのデジタル・マーケティング』碩学舎
・青木幸弘（2016）『ケースに学ぶマーケティング』有斐閣
・フィリップ・コトラー，ヘルマワン・カルタジャヤ，イワン・セティアワン（2017）『コトラーのマーケティング4.0』朝日新聞出版

15 | マーケティングと社会的責任

石田大典

《**目標＆ポイント**》 企業の目的は利益を高めて株主に還元したり，売上を高めて成長したりしていくことにある。その一方で，良き企業市民として，社会に対して貢献する責任も求められている。近年，そうした社会的責任を単なる慈善活動としてではなく，より戦略的な活動として位置づける企業が増えてきている。つまり，社会貢献と利益拡大を両立させようというのである。本章では，企業の社会的責任と利益の両立に関して，さまざまなマーケティングや理論的枠組みについて説明していく。

《**キーワード**》 社会的責任，フィランソロピー，コーズ・リレーテッド・マーケティング，CSV，ソーシャル・マーケティング

1. 企業の社会的責任

　企業の事業活動は，製品やサービスを顧客に提供し，売上や利益を獲得することであるが，そうした事業活動において社会的責任が強く求められるようになったのは1960年代ごろからである。1960年代において，アメリカでは家庭用品に用いられる薬剤や添加剤による健康への被害や自動車の欠陥による損害が大きな問題となった。企業と比較して，消費者の立場は相対的に弱いため，消費者の利益や権利を保護しようとする運動であるコンシューマリズムが台頭した。ケネディ大統領は，1962年に「消費者利益の保護に関する特別教書」を発表し，その中で，①安全が守られる権利，②知らされる権利，③選択する権利，④意見が反映される権利を消費者の基本的な権利として挙げた。一方，公害をはじめと

する環境問題に対しても大きな批判が寄せられるようになった。

　社会的責任を全うするため，多くの企業がCSR（Corporate Social Responsibility）活動に取り組むようになった。かつてのCSR活動の位置づけはあくまで慈善活動であり，利益の一部を寄付するという形態が一般的だった。ところが，近年では，社会的責任を事業戦略やマーケティング戦略として位置づけることの重要性が高まっている。その理由として，第一に消費者が企業の社会的責任を購買時の選択基準として重要視するようになっていることが挙げられる。消費者庁が2019年に実施した消費者意識基本調査によると，「環境に配慮した商品やサービスを選択する」という質問に対して「心掛けている」と答えた消費者は56.9％に上っていた。また，「ごみを減らし，再利用やリサイクルを行う」と答えた消費者は63.4％，「社会貢献活動に熱心な企業のものを選ぶ」と答えた消費者は19.1％であった。

　第二に，投資家が企業の社会的責任を重要視するようになっていることが挙げられる。高いレベルで社会的責任を果たす企業ほど，投資家からの魅力が高まり，結果として企業価値も高まるのである。実際，経済産業省が2019年に実施したESG（環境・社会・企業統治）投資に関する運用機関向けアンケート調査では，97.9％もの機関投資家がESG情報を投資判断の際に活用していると回答した。第三に，企業の社会的責任に対する国際的な関心が高まっていることが挙げられる。環境マネジメントに関する国際認証規格として，1996年に制定されたISO14001がある。また2015年に国連において，SDGs（Sustainable Development Goals）が採択された。SDGsとは，2030年までに達成すべき持続可能な開発目標である。具体的には，教育・貧困・エネルギー・街づくり・気候変動など17の目標が掲げられている。国際的な市場において事業を展開したり，資金調達を行ったりするためには，ISO14001のような認

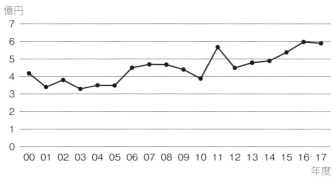

出所：経団連1%クラブホームページ

図15-1　経団連に所属する企業１社当たりの社会貢献活動支出額の推移

証を取得したり，SDGsへの取組みを明確化させる必要がある。日本経済新聞社が2019年に実施したSDGs経営調査では，53.4％の企業が気候変動への対応，50.4％の企業が働きがいと経済成長，48.0％の企業が製造と消費の責任を中長期経営計画に掲げていたという。

　企業の社会的責任に対する関心の高まりを示すデータもある。日本経済団体連合会が2017年に同団体に所属する企業に対して行った調査によると，１社当たりの平均社会貢献活動支出額は平均５億9300万円だったという。この金額は，経常利益の0.89％に相当している。また，回答企業のうち83％の企業が非営利組織へ寄付したり，あるいは共同でプログラムを実施したりと何らかの関係を有しているという。

2. 社会的責任の３つのレベル

　企業の社会的責任に関する考え方は，３つのレベルに分類できる（図15-2）。第一のレベルは株主に対する責任である。この考え方では，企業は株主のために利益を最大化させることが最も重要視される。より多くの利益を上げるほど，多くの税金が支払われ，投資は促進され，雇用

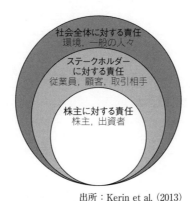

出所：Kerin et al.（2013）

図15-2　社会的責任の3つのレベル

は拡大し，賃金は増加していくのである。社会的課題に対して直接的に
関与するのではなく，利益を大きくすることで間接的に貢献するという
のである。

　第二のレベルはステークホルダーに対する責任である。ステークホル
ダーとは企業にとっての利害関係者であり，株主だけでなく従業員・サ
プライヤー・消費者・顧客企業などが含まれる。重要視されるのは，ス
テークホルダー全体の利益の最大化である。また，ステークホルダーと
の関係性も重要視される。したがって，取引において倫理的な行動が促
進され，機会主義的な行動は抑制される。一方で，社会的課題に対する
姿勢は，株主に対する責任と大きくは変わらない。

　第三のレベルは社会全体に対する責任である。社会全体には，ステー
クホルダーに加えて，一般の人々や地球環境も含まれる。資源の枯渇や
環境の汚染への対応を非営利組織や政府に委ねるのではなく，企業自ら
積極的に対応しようとする考え方である。社会全体への責任とよく似た
考え方に，近江商人の三方よしがある。三方よしは，良い商売とは売り
手である企業や買い手である顧客に利益をもたらすだけでなく，世間で

ある社会全体にとっても利益をもたらすという哲学である。社会全体への責任へ対応する事業戦略やマーケティング戦略には，フィランソロピー，CSV，コーズ・リレーテッド・マーケティング，ソーシャル・マーケティングなどがある。

3. 法令順守と倫理的行動

　マーケティングにおける社会的責任の基礎となるのは，法令順守と倫理的行動の２つである。当然のことではあるが，マーケティング活動において，企業は製造物責任法・景品表示法・不正競争防止法・独占禁止法などの法律を順守しなければならない。安全性の確保されていない製品を販売したり，優位な立場を利用して消費者に不利益を与えたり，広告において欺瞞や誇張などの表現を用いたりすることなどは，すべて法律によって禁じられている。法律を違反してしまった場合，罰則を受けるだけでなく企業やブランドに対する消費者の信頼は地に落ちてしまうだろう。したがって，企業は従業員に対して，自社に関連する法律を理解させ，順守するように努めなければならない。

　法律を順守さえすれば何をやってもよいというわけではない。たとえば，特定の人たちを揶揄するような広告表現や商品不足の際の異常ともいえる高額設定は，違法ではなかったとしても倫理的には認められない。倫理とは人々の行動を規定する道徳的な原則や価値観である。企業は従業員が倫理的な行動をとるように社内でルールを制定し，それを周知していく必要がある。たとえば，トヨタや花王は従業員の行動指針を策定しており，法律だけでなく社会的なルールや倫理を守ることを掲げている。

　取引における倫理的行動としては，上述した４つの消費者の権利（①安全が守られる権利，②知らされる権利，③選択する権利，④意見が反

映される権利）を保持することが挙げられる。たとえば，品質マネジメ
ントシステムの規格である ISO9000 や食品安全の規格である FSSC
22000 の認証を取得して安全性を高めたり，原材料の調達から，生産，
流通までの流れを顧客が確認できるようトレーサビリティを構築したり，
製品やサービスのアンバンドリングによって消費者の選択肢を広げたり，
窓口を設置して顧客の意見を聞く仕組みを作るなどである。

4. 社会的責任とマーケティング戦略

（1） フィランソロピー

　フィランソロピーとは，企業が非営利組織や自治体などに対して行う
寄付活動である。金銭的な寄付が最も一般的だが，製品やサービスが寄
付される場合もあるし，余剰資源の寄付や従業員によるボランティアな
どの形態をとる場合もある。フィランソロピーが企業へもたらす便益は，
消費者や社会の評判の向上である。加えて，寄付の対象と自社の事業を
関連させることで，より大きな便益も期待できる。たとえば，自社工場
のある自治体へ寄付することでインフラが整備されて生産性が向上する
可能性や，自社製品を寄付することで市場を拡大させたり顧客を獲得し
たりする可能性が考えられる。

　一方，フィランソロピーの課題として，消費者に認知されにくいとい
う点と成果の測定が難しいという点が挙げられる。寄付が中心のフィラ
ンソロピーでは，コーズ・リレーテッド・マーケティングやソーシャ
ル・マーケティングとは異なり，広告と関連させることが難しい。なぜ
ならば，フィランソロピーを広告してしまうと，消費者から偽善と捉え
られてしまう可能性があるからである。フィランソロピーのコミュニ
ケーションは，パブリシティで取り上げられたり，自社のホームページ
などで広報したりできる程度に止められるだろう。また，成果の測定が

難しいことも課題である。フィランソロピーによって社会的課題がどの
程度改善されたのかを測るのは困難である。したがって，企業の担当者
がフィランソロピーのための予算の妥当性を示し，社内で承認を得るの
には苦労を伴うかもしれない。

（2）　コーズ・リレーテッド・マーケティング

　コーズ・リレーテッド・マーケティングとは，製品やサービスの売上
や利益の一部を特定のコーズ（社会的問題）へ支援するマーケティング
活動である。コーズ・リレーテッド・マーケティングの最も有名な事例
の1つに，1980年代にアメリカン・エキスプレスが行ったキャンペーン
が挙げられる。アメリカン・エキスプレスは，自社のカード利用1回に
つき1セント，新規のカード発行1回につき1ドルを自由の女神の修復
基金へ寄付した。結果として，このキャンペーンを通じて，アメリカ
ン・エキスプレスは170万ドルを自由の女神の修復基金へ寄付すると同
時に，カード利用の27％増加と新規会員申し込みの10％増加を達成した。
　コーズ・リレーテッド・マーケティングの目的は，社会的問題への支
援とマーケティングを両立させることである。したがって，成功裏に導
かれたコーズ・リレーテッド・マーケティングは企業にとって新規顧客
の獲得，特定の市場セグメントへの到達，ブランド・イメージの醸成，
売上の増加などの恩恵をもたらす。社会問題に対しては，関心を高め，
支援を拡大させるという便益をもたらす。一方，コーズ・リレーテッ
ド・マーケティングでの一件当たりの寄付額は小さいので，キャンペー
ンを成功させるためには多額のプロモーション・コストを必要とする。
ところが，企業がコーズ・リレーテッド・マーケティングをプロモー
ションするほど，消費者は企業が社会問題を自社の利益のために利用し
ていると知覚してしまう可能性も高まる。

224

　社会問題の選択にあたっては，支援するコーズの数に加えていくつかの事柄を検討する必要がある。第一に，自社の製品／サービスやブランドと関連性の高い社会問題を選択するべきである。なぜならば，企業がその問題に対して取り組む動機が消費者にとって理解しやすいからである。たとえば，ボルビックは水の売上の一部をマリ共和国での井戸づくりの費用にあてた。第二に，自社の従業員にとって関心のある社会問題を選択するべきである。従業員の関心のあるテーマに取り組むことで，彼らのモチベーションは高まり，組織に対するロイヤルティも向上する可能性がある。第三に，標的顧客にとって関心の高い社会問題を選択するべきである。標的顧客が支援したいと強く思うほど製品を購買する可能性は高まり，結果としてキャンペーンの成功する確率は高くなる。

（3）　CSV

　社会的課題を事業活動そのものと結びつけるという考え方もある。ポーターとクラマーはCSV（Creating Shared Value）という概念を提示している。CSVとは，地域の社会や経済の発展と企業の競争優位性の構築を両立させる戦略である。たとえば，コーヒーやカカオの生産者のように途上国の貧しい農家を支援する場合，金銭的な支援をする代わりに農家の収穫量を高めたり，品質を向上させたりするための技術支援を行うのである。そうすることで，結果的に農家の収入は向上し，企業は高品質な原材料を安定的に調達できるようになる。

　CSVの方向性には，(1)製品による対応，(2)バリューチェーンによる対応，(3)産業クラスターによる対応の3つが挙げられる。製品による対応とは，社会的課題を顧客ニーズとして定義し，そのニーズを満たす製品やサービスを開発して提供しようという方針である。たとえば，健康問題という課題に対して栄養豊富な食品を開発したり，貧困問題に

対して機能を絞った低価格の製品を提供したりするなどが挙げられる。
これまで支援の対象であった社会的課題を市場機会として捉え直そうと
いう発想である。

　バリューチェーンによる対応とは，自社のバリューチェーンの中で社
会的課題と密接に関わりのある要素を改善するという方針である。バ
リューチェーンの要素には，原材料の調達・製造工程・物流・チャネル
の管理などさまざまある。上記に挙げた農家の例は，原材料の調達に関
したバリューチェーンによる対応の1つであると言える。また，製造工
程において使用する原材料を少なくしたり，包装を簡易化したりするな
どして資源を有効活用するなどの方法もある。さらには，サプライ
チェーンを見直すことにより，効率的な物流を構築してCO_2の排出量
を削減するといった方法もある。

　産業クラスターとは，特定の分野に関する企業や諸機関が地理的に近
接した集積を指している。カルフォルニアのワイン・クラスターやシリ
コンバレーのITクラスターが例として挙げられる。カルフォルニアに
はワインの醸造所がありブドウ農園もある。そして，観光業などワイン
に関連した企業も多く存在している。さらには，カリフォルニア州には
議員らによるワイン特別委員会があり，カルフォルニア大学デービス校
ではブドウ栽培及びワイン醸造に関する研究教育が行われている。企業
が産業クラスターの構成を支援することで，地域の発展が加速される。
補完産業が周辺に集まれば原材料をはじめとするさまざまな資源を容易
に手に入れられるようになり，教育プログラムによって優秀な人材を確
保できるようになり，結果として地域の経済は発展し，企業にとって大
きな利益をもたらす。

5. ソーシャル・マーケティング

　ソーシャル・マーケティングとは，社会的な問題を改善させるべく個人や組織の行動を変革させようとする活動であり，その活動においてマーケティングの枠組みを応用しようとする考え方である。たとえば，レジ袋の削減を推進する活動や飲酒運転を撲滅する運動など，さまざまなソーシャル・マーケティング活動が行われている。ソーシャル・マーケティングを実施するのは主に非営利組織や政府機関だが，企業が取組みを支援したり実施したりすることもある。たとえば，キリンは適正飲酒に関するマナー広告や大学生協との啓蒙活動などを行っている。

　マッケンジー＝モーアらは，ソーシャル・マーケティングを展開するうえで，行動の障害と便益を明確化することの重要性を強調している。レジ袋の削減という行動について思い浮かべてほしい。消費者側の障害には，買い物においてエコバッグを持参しなければならない手間やエコバッグや有料レジ袋を購入するための金銭的なコストが挙げられる。企業側の障害には，レジ袋を削減することによって消費者の購買点数や買物の回数が減少し，結果として売上が減少してしまうのではないかというリスクが挙げられるだろう。一方，便益としては石油の使用量やプラスチックごみの減少，そして消費者の環境意識の向上などが考えらえる。このように，障害と便益を明確化することで，障害を減らしつつ便益を可視化した戦略を構築できる。

　ソーシャル・マーケティングにおいても，製品と同様にマーケティング・ミックスを検討することができる。製品に相当するものは，ソーシャル・マーケティングにおいて伝達するアイデアである。加えて，具体的な製品やサービスを伴ったソーシャル・マーケティングもある。たとえば，レジ袋の削減であればエコバッグを配布したり，環境学習教室

を開催したりするなどである。価格に関連するものは，対象者にとっての直接的なインセンティブである。インセンティブには，対象者に対して利得を与えるという方法もあるが，損失を与えるという方法もある。たとえば，レジ袋をもらわないことによってポイントを獲得したり，あるいはレジ袋を有料にしてコストを負担させたりすることである。

　流通にあてはまるものとしては，対象者の利便性ということになる。たとえば，エコバッグを小売店舗で販売したり配布したりすることである。異なる店舗で販売されている場合よりも，消費者はエコバッグを使いやすいだろう。利便性の目的は，対象者の行動の障害を取り除くことにある。コミュニケーションは製品のマーケティングと同様である。一般的に，ソーシャル・マーケティングの活動の中心はコミュニケーションである。第11章で説明したように，社会的課題の認知を拡大させたいのか，重要性を理解させたいのか，それとも何らかの行動を引き起こしたいのか，など反応プロセスを考慮しながらコミュニケーションの目的を設定するべきだろう。

学習課題

1．企業を1社取り上げて，社会的責任に対してどのような活動を行っているのか調べてみよう。
2．企業が実際に行っているコーズ・リレーテッド・マーケティングのキャンペーンに参加し，社会的課題の改善や企業の利益にどれほど効果がありそうか考えてみよう。
3．CSVを実践している企業を探し，3つの方向性のどれにあてはまるのか考えてみよう。

参考文献

・Kerin, Roger A., Steven W. Hartley, and William Rudelius (2013), *Marketing*, 11th ed., McGraw-Hill.
・ダグ・マッケンジー＝モーア，ナンシー・リー，ウェスリー・シュルツ（2019）『コトラーのソーシャル・マーケティング』ミネルヴァ書房
・フィリップ・コトラー，ゲーリー・アームストロング（1999）『コトラーのマーケティング入門』ピアソン・エデュケーション
・フィリップ・コトラー，ナンシー・リー（2007）『社会的責任のマーケティング』東洋経済新報社
・マイケル・ポーター，マーク・クラマー（2008）「競争優位のCSR戦略」『DIAMONDハーバード・ビジネス・レビュー』第33巻，第1号，37-52
・マイケル・ポーター，マーク・クラマー（2011）「共通価値の戦略」『DIAMONDハーバード・ビジネス・レビュー』第36巻，第6号，8-31

索 引

●配列は五十音順，＊は人名を示す。

著者紹介

井上　淳子（いのうえ・あつこ）
　　　　　　　　　　　　　　　　　　・執筆章→ 1・3・5・8・10・12・14

2005年	早稲田大学大学院商学研究科博士後期課程単位取得退学
2005年	立正大学経営学部専任講師
2009年	立正大学経営学部准教授
2013年	成蹊大学経済学部准教授
2017年	成蹊大学経済学部教授
現在	成蹊大学経営学部教授
専攻	消費者行動，ブランド戦略
主な著書	『価値共創時代のブランド戦略』（共著　ミネルヴァ書房）
	『ケースに学ぶマーケティング』（共著　有斐閣ブックス）
	『顧客接点のマーケティング』（共著　千倉書房）
	『企業経営入門』（共著　多賀出版）

石田　大典 （いしだ・だいすけ）

・執筆章→ 2・4・6・7・9・11・13・15

2011年	早稲田大学大学院商学研究科博士後期課程単位取得退学
2011年	早稲田大学商学学術院助教
2014年	帝京大学経済学部助教
2016年	帝京大学経済学部講師
2018年	日本大学商学部准教授
2023年	同志社大学商学部准教授
現在	同志社大学商学部准教授
専攻	マーケティング戦略
主な著書	『マーケティング用語辞典』（共著　日本経済新聞社） 『1からのマーケティング分析』（共著　碩学舎） 『1からのデジタル・マーケティング』（共著　碩学舎） 『ベーシック・マーケティング〈第二版〉』（共著　同文館出版）

放送大学教材　1539388-1-2111（テレビ）

新訂　マーケティング

発　行　　2021年3月20日　第1刷
　　　　　2023年8月20日　第3刷
著　者　　井上淳子・石田大典
発行所　　一般財団法人　放送大学教育振興会
　　　　　〒105-0001　東京都港区虎ノ門1-14-1　郵政福祉琴平ビル
　　　　　電話　03（3502）2750

市販用は放送大学教材と同じ内容です。定価はカバーに表示してあります。
落丁本・乱丁本はお取り替えいたします。

Printed in Japan　ISBN978-4-595-32270-9　C1334